Schriftenreihe zur Praxis
der Leibeserziehung und des Sports

Band 13

Karl Koch

Grundschulturnen an Geräten

Eine methodische Lehrhilfe zu kindgemäß-zielgerichtetem Turnen an Geräten unter besonderer Berücksichtigung der psychophysischen und sensomotorischen Leistungsfähigkeit

Verlag Hofmann
Schorndorf

CIP-Kurztitelaufnahme der Deutschen Bibliothek

Koch, Karl:

Grundschulturnen an Geräten: e. method. Lehrhilfe zu kindgemäß-zielgerichtetem Turnen an Geräten unter bes. Berücks. d. psycho-phys. u. sensomotor. Leistungsfähigkeit / Karl Koch. — 8., unveränd. Aufl. — Schorndorf: Hofmann, 1984.
(Schriftenreihe zur Praxis der Leibeserziehung und des Sports; Bd. 13
ISBN 3-7780-5138-5

NE: GT

Bestellnummer 513

8., unveränderte Auflage 1984

Schematische Zeichnungen: Ursula Düse
Bewegungszeichnungen: Karlheinz Grindler; Übungsreihen nach Entwürfen des Verfassers
Fotos: Karl Koch (86 und 45 Bildreihen); H. Meusel (3); A. O. Schmidt (3)

Erschienen als Band 13
der „Schriftenreihe zur Praxis der Leibeserziehung und des Sports“
Redaktion: Karl Koch

Lizenzausgaben
In Holland: Elementair toestelturnen. Hollandia B. V. 1976;
in Frankreich: Gymnastique à l'école primaire. Éditions Vigot 1980;
in Spanien: Gimnasia Escolar: Ejercicios con aparatos, Editorial Aedos 1982.

Gesamtherstellung in der Hausdruckerei des Verlags
Printed in Germany · ISBN 3-7780-5138-5

Inhalt

VORWORT 7

A. ZUR GRUNDLEGUNG UND MOTIVIERUNG 9

B. DER KINDGEMÄSSE WEG ZUM ERLERNEN VON GRUNDFORMEN TURNERISCHER BEWEGUNGSFERTIGKEITEN 12

C. ZUR GESTALT UND ÖKONOMIE DES UNTERRICHTS 14

D. ZUR METHODIK DER LEHRARBEIT 31

I. Die Altersstufe der 6jährigen 31

Die psychophysische und sensomotorische Leistungsbreite 31

Die Hauptaufgaben 33

Beispiele zur Lehrpraxis 34

SPIELFORMEN 34

ÜBUNGSFORMEN 36

II. Die Altersstufe der 7/8jährigen 40

Die psychophysische und sensomotorische Leistungsbreite 40

Die Hauptaufgaben 42

Beispiele zur Lehrpraxis 42

SPIELFORMEN 42

ÜBUNGSFORMEN 52

Zum ÜBEN und AUSPRÄGEN von Grundtätigkeiten an Geräten 52

Wir kriechen und krabbeln 52

Wir klettern, klimmen und hangeln 56

Wir steigen und balancieren 61

Wir schaukeln und schwingen 62

Wir laufen, hüpfen und springen 64

Zum ERLERNEN und ÜBEN altersgemäßer Grundformen turnerischer Bewegungsfertigkeiten 75

Übungsreihen aus den Bewegungsfamilien der *Rollen, Stützsprünge, Schwünge, Kippen und Überschläge* . . . . 76—89

Zum EINÜBEN und GESTALTEN der erlernten turnerischen Bewegungsfertigkeiten 90

Wir üben im „Strom“ 90

Wir üben in der „rhythmischen Reihe“ 100

Wir üben und erproben Verbindungen von Bewegungsfertigkeiten in strukturell verschiedenartigen Formen 101

III. *Die Altersstufe der 9- bis 11jährigen* 104

Die psychophysische und sensomotorische Leistungsbreite 104

Die Hauptaufgaben 107

Beispiele zur Lehrpraxis 107

SPIELFORMEN 107

ÜBUNGSFORMEN 110

Zum ÜBEN und AUSPRÄGEN von Grundtätigkeiten an Geräten . . . 110

Wir klettern und klimmen 110

Wir steigen und balancieren 112

Wir schaukeln und schwingen 115

Wir laufen, hüpfen und springen 117

Zum ERLERNEN und ÜBEN altersgemäßer Grundformen turnerischer Bewegungsfertigkeiten 121

Übungsreihen aus den Bewegungsfamilien der *Rollen, Stützsprünge, Schwünge, Kippen und Überschläge* . . . . 122—135

Zum EINÜBEN und GESTALTEN der erlernten turnerischen Bewegungsfertigkeiten 136

Wir üben im „Strom“ 136

Wir üben in der „rhythmischen Reihe“ 137

Wir üben und erproben Verbindungen von Bewegungsfertigkeiten mit strukturell verschiedenartigen Formen 139

E. HINWEISE ZUR EINFÜHRUNG IN DAS SPRINGEN AM ABSPRUNG-TRAMPOLIN 141

F. BETRACHTUNGEN UND BILDREIHEN ZUR FORMGENESE 145

G. LITERATUR 188

Vorwort

Mit dem „GRUNDSCHULTURNEN AN GERÄTEN" legen wir eine Lehrhilfe vor, die dazu beitragen möge, das Problem der „ungenutzten Unterstufe" (Seybold-Brunnhuber) zumindest in diesem Teilgebiet der Leibeserziehung unserer 6- bis 10/11jährigen Schüler nicht mehr problematisch erscheinen zu lassen.

Mehrjährige Lehrversuche und motorische Tests sowie kinematographische Auswertungen von Filmschleifen zum Zwecke von formgenetischen Schlußfolgerungen erlauben nicht nur diese Aussage, sondern sind zugleich das Fundament dieser methodischen Arbeit. Ein sorgfältiges Studium der für diese Lehrhilfe wesentlich erscheinenden Grundlagenliteratur — insbesondere Arbeiten zur Entwicklungspsychologie, Lernpsychologie und Motorik — bildet schließlich die zweite Stütze hier dargelegter methodischer Grundkonzeptionen von Lern- und Übungsmodellen.

Mehr als 400 Zeichnungen und Bilder sollen den Blick für die *kindliche* Bewegungsform schärfen. Fehlt dem Lehrer der Blick für diese Form, dann ist er „schlimmer dran als ein farbenblinder Maler" (C. Diem). Der großzügige Einsatz von Bild und Zeichnung soll ferner dazu beitragen, daß dieser Band auch dem Nichtfachlehrer — der überwiegend in der Unterstufe tätig ist — eine anschauliche und stets überschaubare Hilfe für den unmittelbaren Unterricht ist. Die *methodischen Wege* zu den Grundformen turnerischer Bewegungsfertigkeiten sind vielfach erprobt und *können* in dieser Weise verlaufen, sind jedoch noch weitgehend variabel und wollen nicht normieren. An den Nahtstellen zur einsetzenden *Grundschulung im Boden- und Gerätturnen* kommt es in bezug auf das Übungsgut zu Überlappungen, die jedoch lernpsychologisch nur Vorteile in sich tragen.

Gedankt sei der Schulleitung der Schule „Hohe Landwehr" Hamburg, den Kolleginnen der Unterstufe, welche die Tests, Lehrversuche und Filmaufnahmen ermöglichten, und Herrn Dr. Kopf (Mitarbeiter am Max-Planck-Institut Dortmund) für die Auswertung und Deutung der anthropometrischen Messungen — einer Grundlage für die Fixierung der Altersstufen im Kindesalter.

Möge dieser Band die Arbeit eines Hermann Ohnesorge fortsetzen, der das Kinderturnen vom formalen Schematismus befreite — ohne im Nur-Spielen und Nur-Tummeln das Neue zu sehen.

Hamburg, im Juni 1966 KARL KOCH

Vorwort zur 2. und 3. Auflage

Mehr und mehr bemüht man sich in jüngster Zeit, der Leibeserziehung im Grundschulalter nicht nur mit mahnenden Worten, sondern auch im praktischen Tun Beachtung zu schenken. Daß der vorliegende Band 13 als Lehrhilfe dieses Tun zu stützen vermochte, zeigen die in kurzen Abständen notwendigen Neuauflagen.
Während die 2. Auflage mit Verbesserungen versehen wurde, erscheint die 3. Auflage fast unverändert. Neuere Erkenntnisse zum sensomotorischen Lernen und zur psychosomatischen Entwicklung im Grundschulalter werden erst in der 4. Auflage Aufnahme finden können.

Hamburg, im März 1970 KARL KOCH

Vorwort zur 4. Auflage

Zur Fundierung und Grundlegung des praktisch-methodischen Angebotes wurde in der 4. Auflage auf neuere Erkenntnisse der Entwicklungslehre innerhalb der theoretischen Teile der Hauptabschnitte verwiesen und die Literatur ergänzt.
Möge damit die Lehrhilfe auch weiterhin der Förderung und Verbesserung des Sportunterrichtes in der Grundschule dienen.

Hamburg, im Oktober 1971 KARL KOCH

Vorwort zur 6. Auflage

Die 6. Auflage wurde gründlich durchgesehen und — Wünschen aus der Praxis folgend — mit Modellbeispielen zur Planung von Stunden und Unterrichtseinheiten erweitert. Lernversuche mit wissenschaftlicher Begleitung haben ergeben, daß die erstmalig 1966 in didaktischer Zuordnung erprobten Übungsreihen nach wie vor dem altersgemäßen Anspruchsniveau entsprechen und mit den Kernübungen in den neuen Lehrplänen und Richtlinien fast aller Bundesländer aufgenommen sind. Herzlichst gedankt sei dem Verlag für die Neugestaltung dieser Auflage.

Hamburg, im Januar 1975 KARL KOCH

Vorwort zur 7. Auflage

Nach wie vor zeigt der Bedarf an dieser Lehrhilfe, daß Sammlung und methodische Entwicklung des hier dargelegten Übungsgutes dem Lernbedürfnis der Schüler der Grundschule entspricht. Immer wieder auftretende — und nach einer stichprobenhaften Nachprüfung vermeidbare Unfälle — gaben den Anstoß, in einem Anhang eine „Einführung in das Springen am Minitrampolin“ aufzunehmen. Ferner wurde in dieser Auflage das Literaturverzeichnis erweitert. Neuere Arbeiten zur Fundierung des Sportunterrichts im Grundschulalter fanden in einer angemessenen Auswahl Aufnahme.

Hamburg, im April 1977 KARL KOCH

A. Zur Grundlegung und Motivierung

Bevor wir uns dem Hauptanliegen dieser Lehrhilfe zuwenden, wollen wir in angemessener Kürze Gründe und Motive sichten, die zu einer methodischen Neubesinnung im *gesamten* Raum der Leibeserziehung im Kindesalter aufrufen und damit auch die Zuordnung des Übungsgutes und das Erlernen turnerischer Grundfertigkeiten an den Geräten erfassen.

Es liegt uns dabei fern, einer frühen und engen Spezialisierung das Wort zu reden. Wenn wir mit dieser Lehrhilfe den Versuch unternehmen, bereits im Grundschulalter dem Turnen an Geräten[1]) eine Richtung zu geben, die von der aktuellen Gegenwart des Kindes ausgehend in die Zukunft weist und im motorischen Lernen und Üben jedem Schüler in individueller Breite und Tiefe gangbare Wege zu *Leistungsformen* erschließt und zu einer gesunden *Leistungserziehung* führt, dann geschieht das mit einer deutlichen Abwendung vom noch weitverbreiteten und relativ unverbindlichen Spielturnen. Daß das motorische Lernen und Üben sich trotz schärfer markierter Ziele auf *breiter Basis* zu vollziehen vermag, wird in den Übungsbeispielen und den Übungsreihen deutlich, die in ihrer Vielgestaltigkeit und in ihrem Aufforderungscharakter letztlich dem Schüler echte Hilfe sein können, „sich selbst besser zu verwirklichen, das heißt sich selbst besser in die Welt hineinzuleben" (ROTH). Ein Spielturnen althergebrachter Art vermochte und vermag solche Aufgaben nicht zu erfüllen. So gesehen ist das motorische Lernen und Üben an Geräten im Kindesalter nicht nur im Sinne von MEINEL *Neuerwerb* und *Festigen* von umrissenen Bewegungsformen, sondern auch in Anlehnung an HILGARD[2]) ein *Verändern von Verhaltensweisen.*

Ein zielgerichtetes Turnen an Geräten führt in besonderer Weise und Dichte zu *Leistungserlebnissen* für fast alle Schüler, wenn das „Maß des Zumutbaren vom Lehrer geachtet wird" und jedes *einseitige* Streben nach perfektem Bewegungskönnen unterbleibt, so daß „das *Was* seinen Rang vom *Wie* erhält" (HEUSER). In diesem Sinne soll unsere Lehrhilfe im Rahmen eines altersgemäßen Turnens an den verschiedenen Geräten zu einer zielgerichteteren und zielstrebigeren Leibeserziehung in der Grundschule beitragen. Wir wissen aus unserer Schulwirklichkeit um die Notwendigkeit einer solchen Ausrichtung. Wir deuteten vorauf an, daß ein Spielturnen im althergebrachten Sinn die Bildungschancen im Grundschulalter nur bedingt wahrnehmen kann. Diese Bildungschancen werden des weiteren auch dann nicht genutzt, wenn wir die motorische Ausgangslage falsch einschätzen und die Lerndisposition des Schulanfängers unterschätzen. Orientieren wir unser Angebot an Bewegungsaufgaben und Übungsaufgaben auf „optimale Lernchancen", dann müssen wir auch dazu die im Kindesalter vorhandenen reifebedingten Lernzeiten mit den entsprechend spezifischen Voraussetzungen wahrnehmen. Lassen wir sie ungenützt verstreichen, dürfte für manches Mädchen und für manchen Jungen dem späteren motorischen Lernen engere Grenzen gesetzt sein. Wir wissen und verfügen über mancherlei Möglichkeiten, eine einmal er-

---

[1]) Mit „Turnen" meinen wir auch das Erproben und Üben von Grundtätigkeiten an den verschiedensten Geräten.

[2]) Siehe hierzu den Literaturanhang.

lernte Bewegungsform so zu erhalten, daß ein nach Form und Gestalt gemäßer Ausbau vollzogen werden kann. Daher sollten wir die für einen solchen Ausbau notwendigen Grundformen turnerischer Bewegungsfertigkeiten (auch mit Blick auf einen kontinuierlichen Leistungsaufbau) in den *motorischen Lernzeiten* des Kindesalters erwerben lassen und nicht in den Zeiten motorischer Störungen und psychischer Labilität — mögen diese Erscheinungen noch so individueller Art und vorübergehender Natur sein. Wir haben daher zum Zwecke der richtigen Einschätzung der motorischen Ausgangslage und anderer Lernvoraussetzungen die aus diesen Faktoren resultierende Leistungsbreite in gedrängter Form und auf neuesten Erkenntnissen fußend den Altersstufen vorangestellt, um aus dieser Sicht methodische Maßnahmen und Aufgaben zu erhellen und das weiterführende Lernen zu motivieren.

Schließlich können wir bei einer Grundlegung und Motivierung methodischer Schritte nicht an einer Entwicklungserscheinung vorbeigehen, die bis weit in das Kindesalter hinein ausstrahlt und nicht erst dort Beachtung verdient, wo sie äußerlich offenbar wird: wir meinen damit die sogenannte *Akzeleration* oder Entwicklungsbeschleunigung. Diese Erscheinung setzt ohne Frage neue Akzente im Grundschulturnen, weil in einer Bewegungslehre unter pädagogischem Aspekt immer das Kind in seiner aktuellen Gegenwart Ansatz- und Ausgangspunkt sein muß. Mit dieser Entwicklungsbeschleunigung verschieben sich nicht nur Daten und Merkmale des Wachsens im allgemeinen *(Abb. 1)*,

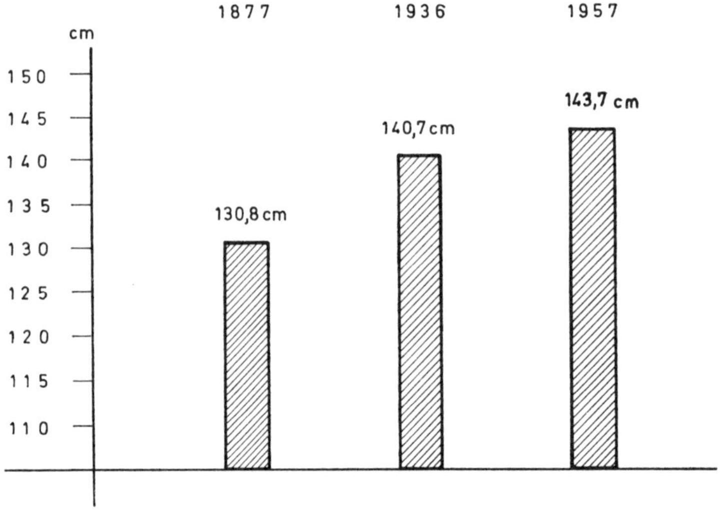

Abb. 1. Veränderungen der durchschnittlichen Körperhöhe 10jähriger Hamburger Schüler höherer Lehranstalten im Zeitraum von 1877—1957 (n. Lenz/Ort).

sondern auch die Phasen der Zunahme von physischer Leistungsfähigkeit und psychischer Disponiertheit einschließlich einer progressiv und kontinuierlich früher fortschreitenden Ausgliederung des motorischen Profiles.

Die jüngere Forschung zu Problemen der Akzeleration führt „die säkularen Veränderungen des Wachstums in erster Linie auf das Säuglings- und Kleinkindalter zurück" (LENZ-KELLNER). Untersuchungen von MARCUSSON ergaben ferner eine im Vergleich zu früheren Jahren beträchtliche Zunahme des Brustumfanges im Vorschulalter, was besagt, daß die heranwachsenden Kinder „nicht kraftlos in die Höhe geschnellt sind" (referiert bei LENZ/KELLNER). Sicherlich bestehen Beziehungen zwischen diesen Wachstumstendenzen und dem Verlauf der Zunahme von physischer Leistungsfähigkeit, motorischer Ausgliederung und psychischer Disponiertheit.

Die relativ größte Leistungszunahme — sie korreliert auffällig mit einer fast zeitgleichen Verbesserung der Motorik und einer Erhöhung der sensomotorischen Leistungsfähigkeit (UNGERER) — liegt nach voneinander unabhängigen Untersuchungen verschiedener Autoren in der Altersstufe der 8/9- bis 11jährigen (NÖCKER, PETERS, STEMMLER, UNGERER, WINTER). Die Entwicklungschancen für einen tragfähigen und die weitere Lernfähigkeit erschließenden Ausbau grundlegender motorischer Eigenschaften sind in dieser Altersstufe trotz schon feststellbarer geschlechtsspezifischer Tendenzen relativ gleich und äußerst positiv. Sie müssen vor allem für die *Mädchen* optimal genützt werden, die einen zweiten Höhepunkt in dieser Art und Relation in den nachfolgenden Entwicklungsstufen nicht wieder erleben.

Das erhöhte Entwicklungstempo als Phänomen der Akzeleration — vor allem der damit bei beiden Geschlechtern frühere Eintritt der Pubertät — führt zu einer nicht zu übersehenden *Verkürzung der Kindheit* und zu einer größeren Variationsbreite somatischer und psychophysischer Entwicklungsmerkmale, so daß auch unter dieser Sicht Aufgaben und Ziel einer entwicklungsgerechten Leibeserziehung im Grundschulalter neu formuliert werden müssen. Gedankenloses Verspielen der ohnehin nicht zu reichlich bemessenen Bewegungszeit schränkt das mögliche motorische Lernpensum zum Schaden der Kinder erheblich ein. REMPLEIN spricht von einer Verkürzung der Kindheit um etwa 2—3 Jahre, wobei er darauf verweist, daß den Verfrühungen im leib-sexuellen Bereich keine analogen in den geistigen Funktionen parallel gehen. Ähnliche Diskrepanzen konnten wir zwischen physischer Leistungsfähigkeit und sensomotorischer Lernfähigkeit feststellen (wodurch dem Erlernen komplizierter Bewegungsstrukturen und entsprechender Übungsverbindungen in der Altersstufe der 9/11jährigen gewisse Grenzen gezogen werden, auf die im praktischen Teil noch eingegangen wird).

Die Bedeutung einer Bewegungsschulung an den Geräten und auf dem Boden mit einem folgerichtigen Ausmünden in ein kindgemäßes Erlernen von Grundformen turnerischer Bewegungsfertigkeiten wird in der Schulwirklichkeit noch weitgehend unterschätzt. Vielfach beschränkt man sich auf das Üben und Erproben der Grundtätigkeiten (GROLL) unter den möglichen Bedingungen der Geräte und mißachtet dadurch die „naturgegebenen" Lernchancen in Hinblick auf ein zeitgerecht „aufbauendes Lernen" (ROTH). Folgerichtig muß das heutige motorische Lernen und Üben eine solche Richtung und Ordnung haben, daß es zu fundierenden Lernerfolgen führt, die sich ohne Enge und Drill in *sinnfälligen* Lern- und Übungsaufgaben niederschlagen. Und in diesem Feld bieten sich die *Geräte* geradezu an, um Sinnfälligkeit, Zielgerichtetheit und Lernerfolg korrespondieren zu lassen!

B. Der kindgemäße Weg zum Erlernen von Grundformen turnerischer Bewegungsfertigkeiten

Der „Grundsatz der Kindgemäßheit“ (SEYBOLD-BRUNNHUBER) ist nicht nur bestimmend für das *Was* (Auswahl angemessenen Übungsgutes), sondern richtet auch im umfassenden Sinne das *Wie* des methodischen Vorgehens aus.

Wenn wir in der Leibeserziehung die Hauptaufgaben vom „gegenwärtigen Sein des Kindes“ ableiten und uns über „das Menschenbild, zu dem hin sie führen will“ (SEYBOLD-BRUNNHUBER) im klaren sind, dann können wir dem kindlichen Bewegungs- und Übungsbedürfnis nur dann vollauf Genüge tun, wenn wir stufenweise aus den frühkindlichen Verhaltensweisen herausführen und *Vorgriffe* wagen (HEUSER/KÜPPER). Diese didaktischen Überlegungen münden aus in einen „didaktischen Kanon“ (BERNETT), der mit der Rangfolge der Verhaltensweisen des *Spielens, Übens, Leistens* und *Gestaltens* die methodische Grundlinie zu fundieren vermag.

Den *Weg zu turnerischen Grundformen* kindgemäß ausrichten heißt, neben der *psychophysischen Komponente* auch die *sensomotorische* zu berücksichtigen, die nach UNGERER das „feine Zusammenspiel des rezeptiven und exekutiven Apparates beim Handlungsvollzug“ darstellt (sensomotorischer Funktionskreis) und in ihrer Funktionsreife alterstypische Merkmale aufweist, die erst durch die Bewegungsforschung der jüngsten Zeit für die Praxis nutzbringend erhellt wurden. Kindgemäßes Fördern des motorischen Lernens erfordert fernerhin, im *motorischen Bestand* weiterführende methodische Schritte einsetzen zu lassen (siehe auch hierzu S. 9 f.), um nach gründlicher Aufbereitung und Erweiterung der Motorik Zielübungen anzugehen und Lernerfolge sicherzustellen.

MEINEL wies in überzeugender Weise darauf hin, daß eine Bewegungslehre unter pädagogischem Aspekt „die unmittelbare Grundlage der Methodik“ ist. Erkennen wir mit SEYBOLD-BRUNNHUBER an, daß „Leibesübung nur mit und durch Bewegung möglich ist“ und daß eine der vornehmsten Aufgaben des Leibeserziehers in seinem Beitrag zu sehen ist, „die Bewegung zu Form und Leistung zu führen“, sie zu kultivieren und zum „lebendigen Ausdruck der Persönlichkeit“ werden zu lassen, dann können wir die Ansicht MEINELS nur stützen. In der täglichen Konfrontierung des Leibeserziehers mit der Aufgabe, „aktiv und fördernd in den Prozeß der Bewegungsentwicklung seiner Schüler einzugreifen“, wird „die Motorik für ihn *Ansatzpunkt* und das dominierende *Mittel* sein, mit dessen Hilfe er den *ganzen* Menschen zu bilden und zu erziehen versucht“ (MEINEL).

Suchen wir nach einer praxisnahen und den Schülern im Kindesalter angepaßten Stufung unserer methodischen Schritte in einem Bemühen, das auch dem lern- und leistungsschwächeren Schüler Erfolgserlebnisse sichert, dann bietet sich eine

VIERSTUFENFOLGE

an, in der eine jedem Lernen innewohnende Weite des Spielraumes erhalten bleibt und die in jeder Altersstufe bei der methodischen Aufbereitung von Lehr- und Lerneinheiten anwendbar ist:

1. Stufe des Informierens und Orientierens, des ersten Gewöhnens und Versuchens im neuen motorischen Umfeld.

Wir wecken das Interesse, fordern mit Hilfe ausgesuchter Übungsbedingungen heraus, provozieren die Neugier. (Mit dem „Wir“ wollen wir schlagwortartig das Tun des Lehrers skizzieren.)

Das erste *Gewöhnen* vollzieht sich in *Spielformen* und *spielhaften Übungsformen* unter Ausübung von Grundtätigkeiten (GROLL).

2. Stufe des Vorbereitens und Schaffens motorischer Lern- und Leistungsvoraussetzungen.

Wir intensivieren das Üben, führen bewußt an die Sache heran, erweitern die Bewegungserfahrung und die Funktionsreife der motorischen Eigenschaften.

Grundtätigkeiten und *Bewegungsfertigkeiten* werden unter abwechselnden Lern- und Übungsbedingungen erprobt.

3. Stufe des Erlernens neuer Bewegungsfertigkeiten an verschiedenen Geräten.

Wir führen unsere Schüler in *methodischen Übungsreihen* und unter Benutzung zweckmäßiger *Lernhilfen* an altersstufengemäß mögliche turnerische Bewegungsfertigkeiten heran.

4. Stufe des Einübens und Festigens der neu erlernten Bewegungsfertigkeiten.

Wir bieten vielfältige *Einlern- und Einübungsaufgaben* an, die dazu beitragen sollen, die zunächst in der *Grobform* erlernte Bewegungsform zu *festigen und auszuprägen.* Dabei ist die kindmögliche Ausdrucks- und Gestaltungsform Maßstab und Ziel. Sie erreicht bei zielgerichtetem Unterricht bereits bei den 10/11jährigen einen manchmal erstaunlichen Grad. (Siehe hierzu die Bildtafeln 14/23.) In allen Stufen ereignet sich auch *soziales Lernen.* Je nach Unterrichtssituation lernen die Schüler, dem anderen zu helfen, in der Gruppe sich einzuordnen usw.

Um dem Lehrer weitgehend freie Hand beim Aufbau von Lehr- und Lerneinheiten zu lassen, bieten wir in dieser Lehrhilfe den Übungsstoff für die einzelnen Altersstufen in *Spielformen* und *Übungsformen* an und wollen mit den *methodischen Übungsreihen* letztlich auch nur *anregen,* selbst wenn uns die praktischen Versuche und Erprobungen vielfach die hohe Brauchbarkeit im Lernprozeß bestätigten.

C. Zur Gestalt und Ökonomie des Unterrichts

Die Ratschläge und Empfehlungen, die wir in diesem Abschnitt der Lehrhilfe einfügen, beziehen sich vor allem auf die Unterrichtsstunden des 3. und 4. Schuljahres. Die meisten der Anregungen können jedoch auch zweckdienlich zur Gestaltung des Unterrichts im 1. und 2. Schuljahr genutzt werden.

Wir lehnen aus grundsätzlichen Erwägungen jede starre und schematische Konzipierung von Übungsstunden ab, wünschen jedoch in gleicher Deutlichkeit nicht, daß sich die Stunde aus zufälligen Eingebungen aufbaut.

Sie muß sich als durchdachtes Glied in die Gesamterziehung unserer Schüler einordnen![3]) Unter diesem Gesichtspunkt kann die Stunde nicht ausschließlich von der Form bestimmt werden. Sie muß in ihrem Inhalt und in den Aufgaben „eine körperbildende Arbeit zur Entwicklung der Anlagen sein, eine Leistung, in sportlicher Form erfüllt, und ein lustbetontes Spiel, das Freude am Ganzen erweckt" (ALTROCK/KARGER).

Im *physiologischen Sinne* ist es auch in der Primarstufe notwendig, die Schüler auf Leistungsaufgaben vorzubereiten. Um die Aufmerksamkeit zu wecken und ein wünschenswertes „Spannungsgefüge" (GEISSLER) zu sichern, sind *psychologische Aspekte* zu beachten; die *pädagogischen Forderungen* wollen eine systematische und zielgerichtete Aneignung und Vervollkommnung von Fähigkeiten und Fertigkeiten sicherstellen. Diese Forderungen führen dazu, daß es zweckmäßig ist, die Übungsstunden von den *Bewegungsthemen* her in Form von Hauptaufgaben im Sinne von WAGNER zu entwerfen, um nicht in eine „sinnstörende und erlebnishemmende rein additive Reihung von Übungen" (SPOHN) abzugleiten. Die *Hauptaufgaben* sind also nichts weiter als Lern- bzw. Übungsschwerpunkte im Rahmen einer planvollen und zielgerichteten Leibeserziehung. Wir müssen in ihnen die *Kernstücke* der einzelnen Stunden sehen, die in wesentlicher Weise die Gestalt der Stunde bestimmen.

Die Gestalt der Stunde wird jedoch auch noch von anderen Faktoren geformt.

Besonders in der Primarstufe ist es recht bedeutsam, ob ich in einer Stunde aus dem bisher Erlernten *wiederholen* will, oder ob ich mit den Schülern etwas bewegungsmäßig *Neues* erarbeiten möchte (siehe unsere Kurzentwürfe S. 20 f.).

Das *Wiederholen* kann wiederum einmal mehr unter dem Aspekt des Gestaltens in Übungsverbindungen stehen, einmal mehr unter dem Aspekt des *Entwickelns der physischen Leistungsgrundlagen und motorischen Eigenschaften.*

Das *Erlernen* einer neuen Fertigkeit wird die ganze Konzentration und Frische der Kinder beanspruchen. Folglich muß das „Aufwärmen" den Organismus nicht zu stark beanspruchen. Somit weicht in der Gestalt je nach Charakter der Hauptaufgabe die eine oder die andere Stunde mehr oder weniger stark von der *Normalstunde* ab.

---

[3]) Vergleiche hierzu vom gleichen Verfasser den Abschnitt „Die Leichtathletikstunde" in BUES-KIRSCH-KOCH „Leichtathletischer Mehrkampf bei den Bundesjugendspielen", Verlag Bartels und Wernitz, Berlin 1962, siehe dazu auch von KOCH/SÖLL: Stundenmodelle für alle Altersstufen, Schorndorf 1973, 2. Auflage.

Wenn wir von *Ökonomie* der Übungsstunde sprechen, dann meinen wir eine *sinnvolle* und zugleich *rationelle* Ausnutzung der Übungszeit. Sie wird wesentlich vom geschickten Aufbau der Übungsbedingungen und von den Formen der Ordnung beim Üben bestimmt. Ökonomie und Effektivität werden jedoch auch weitestgehend durch eine Planung in *größeren* Abschnitten bedingt (siehe den Entwurf eines Unterrichtsmodells auf Seite 22 f.).

Zweckmäßige Formen der Ordnung beim Lernen und Üben

Am Reck

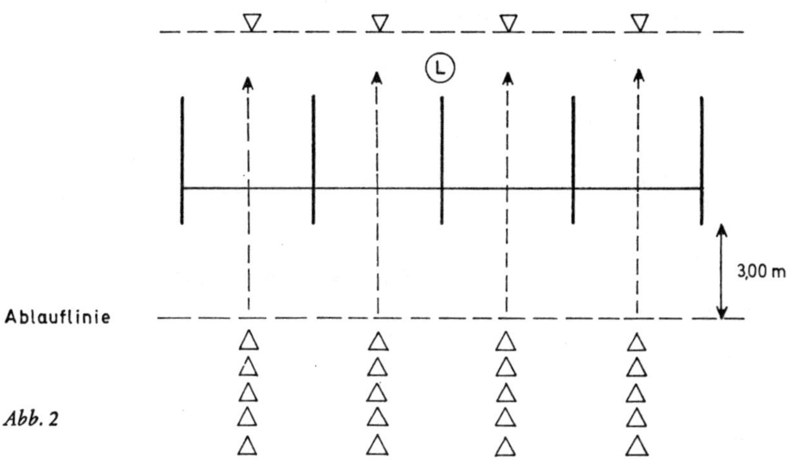

Abb. 2

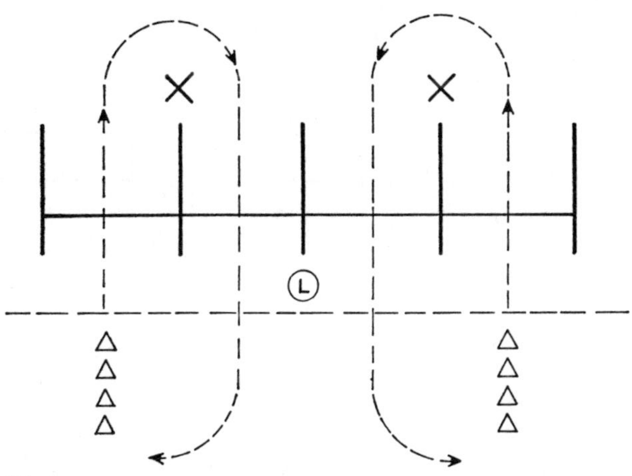

Abb. 3

An kleinen Kästen

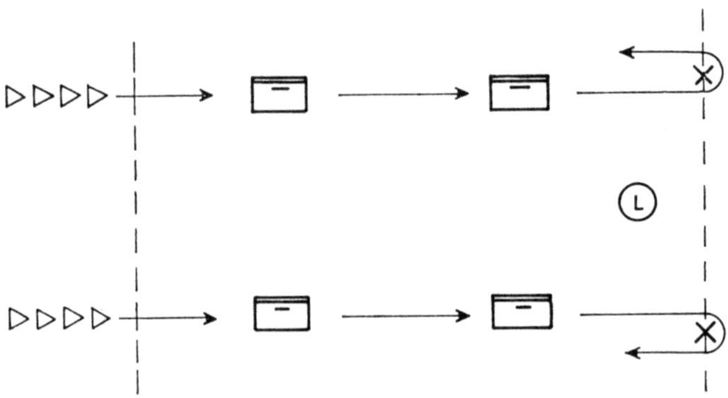

Abb. 4

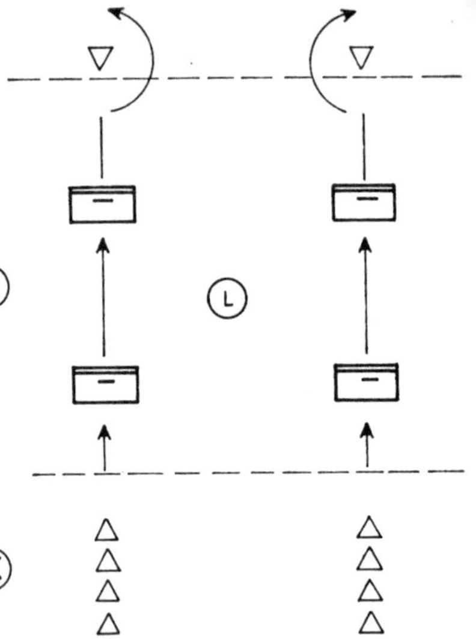

Abb. 5

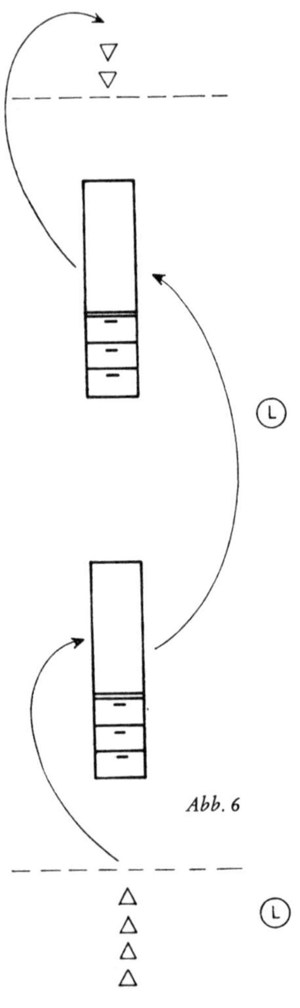

Abb. 6

An den großen Sprungkästen

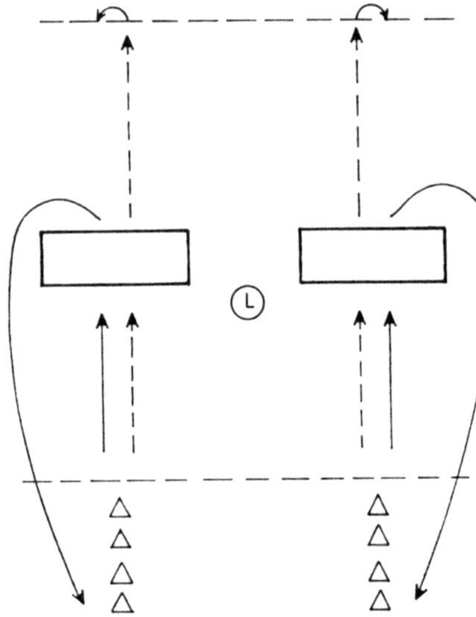

Abb. 7

An den großen Sprungkästen

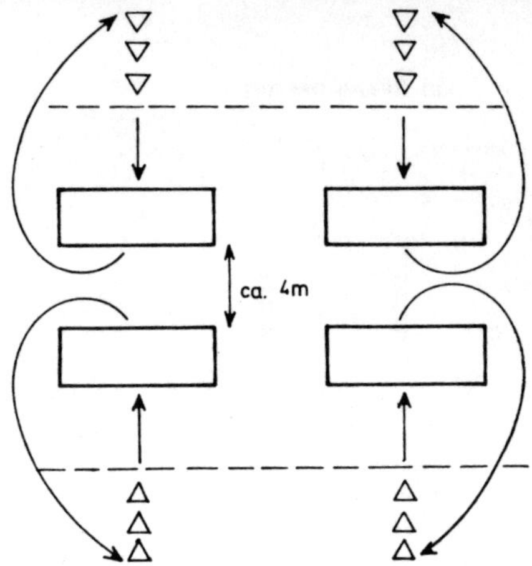

Abb. 8

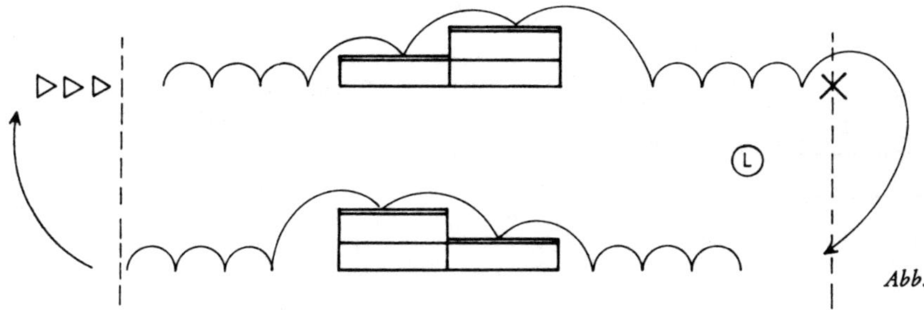

Abb. 9

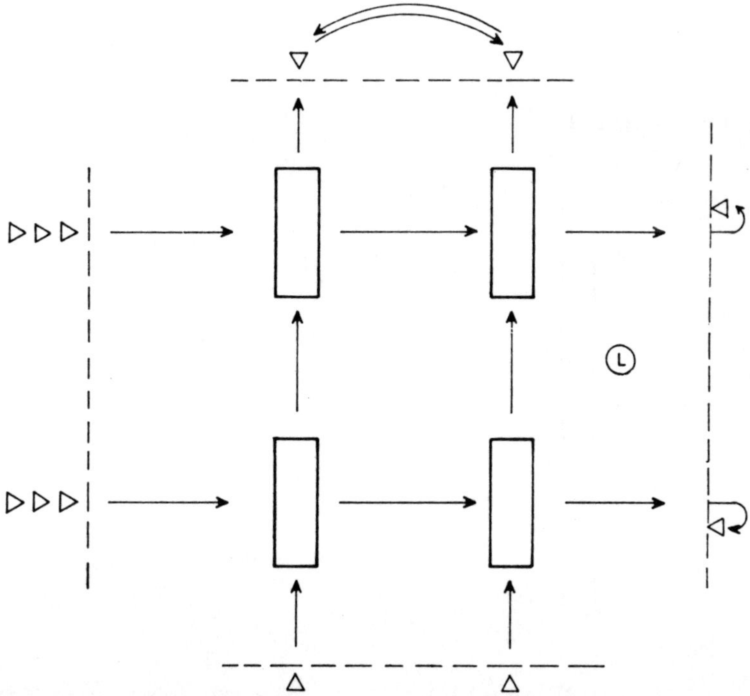

Abb. 10

Am Stufenbarren

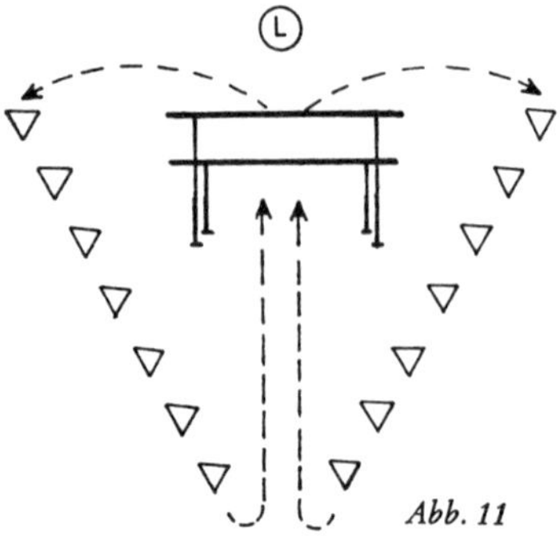

Abb. 11

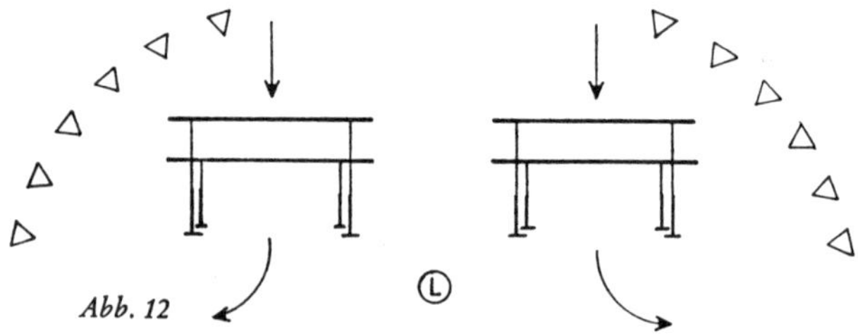

Abb. 12

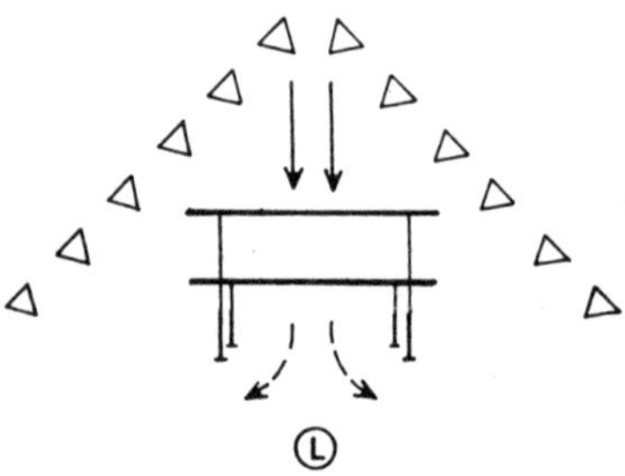

Abb. 13

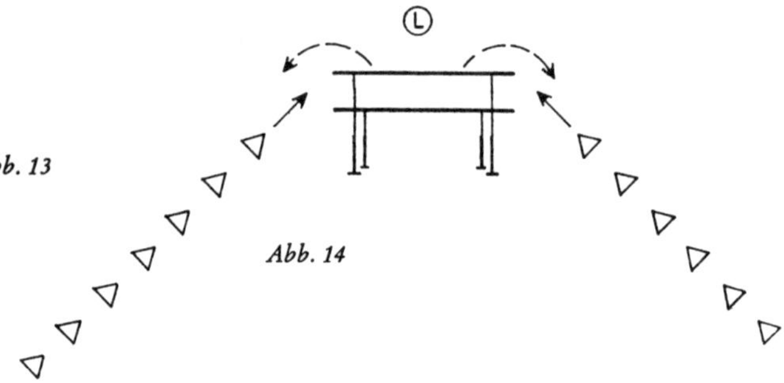

Abb. 14

Am Barren (gleichhohe Holme)

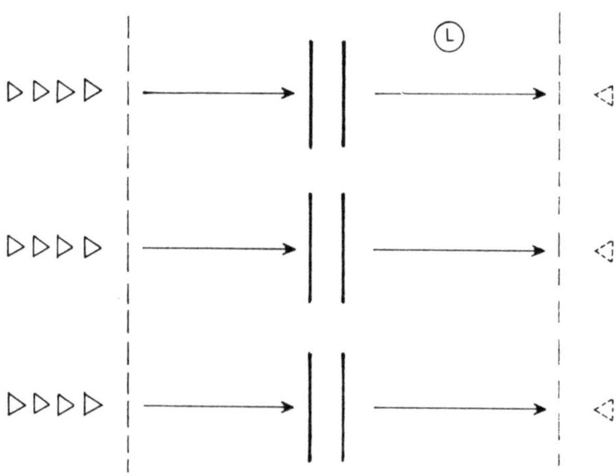

Abb. 15

Am Barren (gleichhohe Holme)

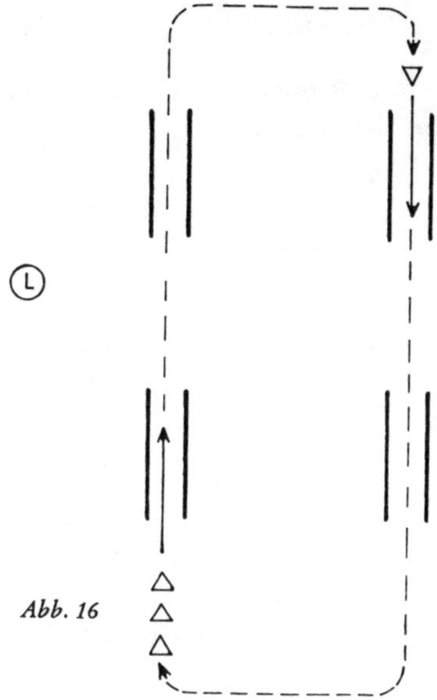

Abb. 16

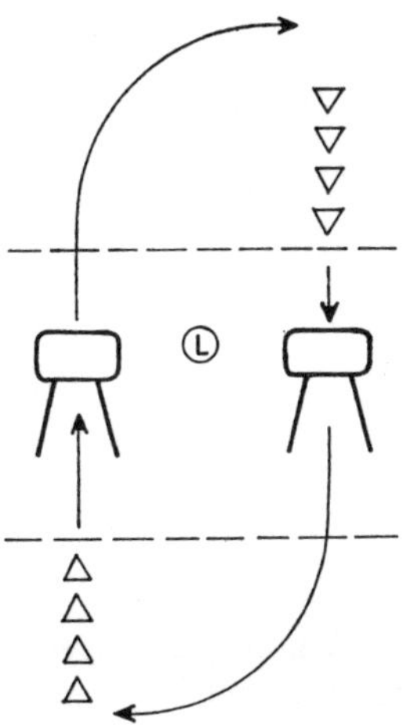

An Schwebebänken, Gitterleitern, Sprossenwand und Böcken

Abb. 17

Abb. 18

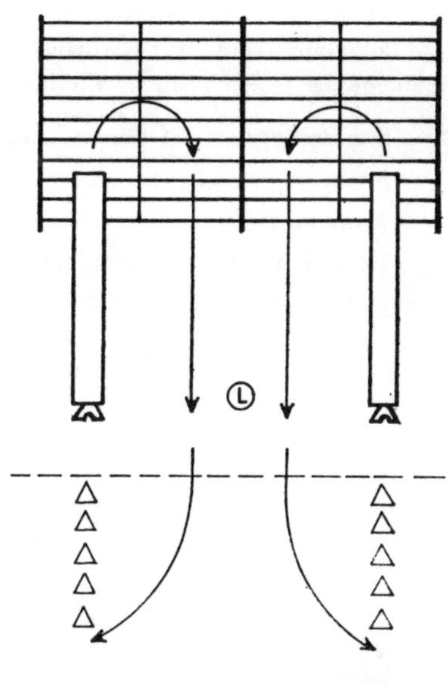

Abb. 19

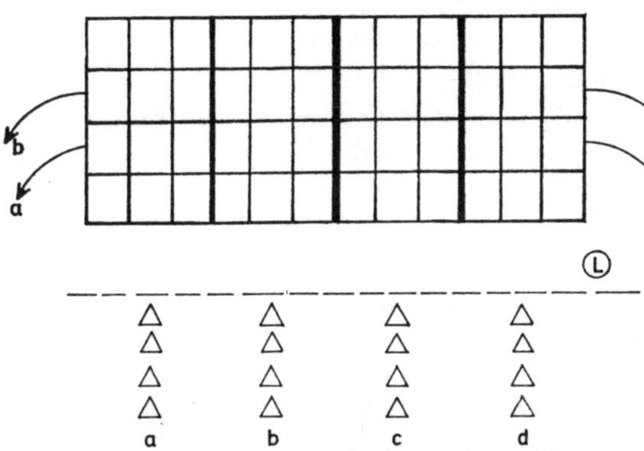

Lehrer und Übungsleiter — beachte folgende Leitsätze:

1. **Beginne stets pünktlich und geordnet die Stunde!**
2. **Lasse durch größere Schüler die Geräte vor Beginn der Stunde aufbauen!**
3. **Stelle die Geräte so auf, daß du an ihnen sowohl spielen als auch üben als auch leisten kannst! Jeder Umbau der Geräte während der Stunde lenkt ab und bringt Unruhe in die Klasse.**
4. **Gewöhne die Schüler an „lautlose" Führungsmittel! Die Trillerpfeife gehört nicht in die Turnstunde!**
5. **Mache deine Schüler mit den zweckmäßigsten Aufstellungs- und Ordnungsformen an den Geräten zeitig vertraut (Abb. 2—19).**
6. **Gehe bei diesen Ordnungsformen (und auch beim Aufbau der Geräte!) davon aus, daß von mehreren Seiten geturnt werden kann und möglichst viele Schüler üben können. Das wenig sinnvolle Zurücklaufen oder Zurückgehen nach dem Bewegungsvollzug ist Leerlauf und schafft Unfallgefahren.**
7. **Lege Hilfsgeräte zur Verwendung als Lernhilfen stets zu Beginn der Stunde griffbereit.**
8. **Beginne bereits bei den 7/8jährigen mit dem Aufbau ständiger Übungsgruppen!**
9. **Mache die Schüler stufenweise mit den notwendigen und von den Schülern auch zu vollziehenden Griffen des Sicherns und Helfens vertraut.**
10. **Vergiß nicht, daß die Stunde Freude bereiten soll!**

Wir wollen nun *beispielhaft im Kurzentwurf* zwei Stunden im Ablauf veranschaulichen, die

a) einmal als *Übungsstunde,*

b) zum anderen Mal als *Lernstunde*

konzipiert sind. Wir benutzen dabei im Sinne einer akzentuierten Abhebung der einen von der anderen Stunde ähnliche Übungs- bzw. Lernvoraussetzungen (2. Schuljahr).

Stundentyp:	**Übungsstunde**
Bewegungsthema:	Laufen und Balancieren auf der Schwebebank
Hauptaufgabe:	Entwicklung der Gewandtheit und Geschicklichkeit
Gerätebedarf:	3 Schwebebänke, 6 Medizinbälle
Übungsablauf:	Die Schüler üben in 3 Gruppen über die längsgestellten Bänke „im Strom" oder kehren seitlich von den Geräten zu ihren Ausgangsstellung zurück.

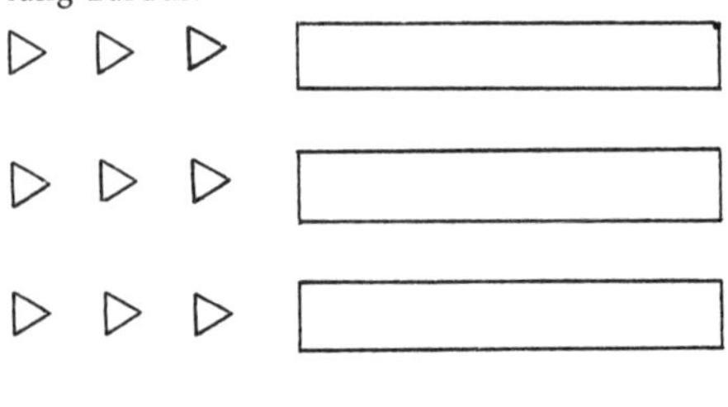

Unterrichtsverlauf:

1. Einwärmung und Einstimmung (ca. 10 Min.): Laufspiele

Welche Gruppe sitzt (steht) zuerst auf der Gegenseite? Welche Gruppe ist nach Umlaufen eines Medizinballes als Wendemarke zuerst wieder zurück über die Bänke an ihrem Platz? Während dieser Laufspiele verwenden wir in der Wiederholung andere Fortbewegungsarten (hüpfen, laufen auf allen Vieren).

2. Hauptteil (20—25 Min.):

a) Wir gehen und laufen vorwärts und rückwärts über die Bänke (auch mit geschlossenen Augen „tasten“ wir über die Bänke).

b) Wer kann mit seitlichen Nachstellschritten hinübergehen? (im Hopserlauf, im Schlußhüpfen, im Entengang, in besonders wenigen Schritten, Vierfüßlergang?)

c) Wir tragen einen Medizinball über dem Kopf und versuchen damit über die Bank zu gehen (auch im Ballengang).

d) Wer kann vorsichtig über je zwei aufgelegte Medizinbälle steigen? (Schlußsprünge, Schrittsprünge, mit einem Bein überhüpfen, Stützhüpfen?)

e) Wer kann seinen Partner im Huckepack über die Bank tragen?

f) Wir lösen die gleiche Aufgabe bei aufgelegten Medizinbällen.

3. Abschluß (5—10 Min.):

Die Gruppen teilen sich, so daß sie sich an den beiden Enden ihrer Bank gegenüberstehen. Der erste Schüler rollt den Medizinball über die Bank zu dem zweiten Schüler, dieser rollt wieder zurück zu dem dritten usw. Welche Gruppe ist am schnellsten?

Stundentyp:	**Lernstunde**
Hauptaufgabe:	Laufen und Springen
Bewegungsthema:	Entwickeln einer turnerischen Grundfertigkeit: Hockwende
Gerätebedarf:	4 Schwebebänke, 8 Medizinbälle, 32 Gymnastikbälle
Übungsablauf:	Die Bänke stehen quer im Abstand von 5—6 Schritten hintereinander. Die Klasse übt in 4 Gruppen auf dem Hin- und Rückweg.

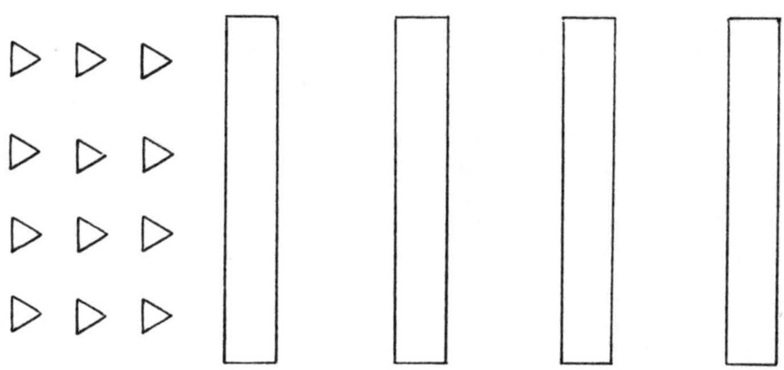

Unterrichtsverlauf:

1. Einstimmen und Einwärmen (ca. 5 Min.): **Spielerische Formen des Laufens und Springens durch die ganze Turnhalle.**

Wir springen „wie junge Pferdchen“, die eingefangen werden sollen, wir sausen „wie die Flugzeuge“ mit ausgebreiteten Armen, wir hüpfen „wie die Häschen“, wir kriechen auf dem Bauch „wie die Schlangen“, wir laufen und schlagen mit den Armen „wie die Vögel“ etc. Auf ein Zeichen hin verharrt jeder Schüler in der gerade eingenommenen Position.

2. *Hauptteil (30 Min.):*

a) Wir überlaufen und überspringen in Schrittsprüngen, Hopsersprüngen und Schlußsprüngen die Bänke
b) Wir springen über die erste Bank und kriechen unter der zweiten durch usw.
c) Wir überwinden die Gerätebahn im Vierfüßlergang und im „Froschhüpfen“
d) Wir wollen heute einen Sprung erlernen, der im Sport als *Hockwende* bezeichnet wird. Schaut mir zu und versucht, den Sprung zu beschreiben!
(Lehrerin zeigt den Sprung mehrmals, danach Unterrichtsgespräch, in welchem die Wesensmerkmale der Hockwende herausgearbeitet werden — ca. 5 Min.).
e) Wir erproben die Hockwende rechts. Achtet auf das *versetzte* Aufstützen der Hände, auf das *zeitgleich beidbeinige* Abspringen, das betonte Anhocken der Beine während der Vierteldrehung!
f) Dasselbe nach links, nun unter Beachtung der *formgerechten Landung.*

3. *Abschluß* (5—8 Min.): Gespräch mit den Schülern mit dem Ziel, das Erlernte auch geistig zu festigen.

Beispiel eines Unterrichtsmodells

In den Entwürfen zu *Unterrichtsmodellen* — wir könnten auch den aus der Didaktik bekannten Begriff *Unterrichtseinheit* verwenden — bereitet der Lehrer nicht nur *formal* das Übungsgut für einen zeitlich größeren Unterrichtsabschnitt auf (6—10 Wochen), sondern er fixiert auch die *Lernziele,* stellt die *Unterrichtsmedien* bereit, sichtet die *Fachliteratur* und sucht nach möglichen *Lernerfolgskontrollen.*

Die *Lernvoraussetzungen,* die *Analyse der anthropogenen* und *sozio-kulturellen Voraussetzungen* müssen sorgfältig *vor* dem Modellentwurf vollzogen sein, wenn *übergreifende* Lernziele verwirklicht werden sollen.

Unterrichtsmodell für ein 4. Schuljahr

1. Allgemeine Hinweise

1.1 Thema und Lerninhalte
Im Unterrichtsmodell wird das Lehren und Lernen von *Überschlägen seitwärts und vorwärts mit einbeinigem Abdruck* dargestellt.

Lerninhalte:

a) Überschlag seitwärts („Rad“)
b) Überschlag seitwärts mit halber Drehung (Rondat, „Radwende“)
c) Überschlag vorwärts (mit Lernhilfe)

1.2 Didaktische Vorüberlegungen

Die dem Unterrichtsmodell zugrunde liegenden Lerninhalte werden als Lerngut den neuen Lehrplänen für die Primarstufe angeboten. Es sind im Lernprozeß die *Grobformen* als ausbaufähige Bewegungsmuster anzustreben, wobei eingeschlossen ist, daß die Überschläge *vorwärts* von der Mehrzahl der Schüler nur mit *Lernhilfen* vollzogen werden können (Kastenreihe, Kastensteg). Leistungsfähigeren Schülern ist jedoch auch die Möglichkeit zu erschließen, *ohne* Lernhilfen die Überschläge zu erproben (Differenzierung!). Es empfiehlt sich — und dem kommt das Unterrichtsmodell nach — den Überschlag seitwärts *gründlich* erlernen zu lassen, bevor weiterführende methodische Schritte angesetzt werden. Die Lerninhalte dieses Unterrichtsmodelles bilden eine *Lerneinheit*. Soll ein positiver Lerntransfer eintreten, muß sich die reale Durchführung durch Kontinuität auszeichnen.

1.3 Methodisch-organisatorische Hinweise

Für das Unterrichtsmodell sind ca. 8—10 *Stunden* vorgesehen. Dabei wird davon ausgegangen, daß die Turnhalle nicht doppelt belegt ist und ausreichend Geräte zur Verfügung stehen, so daß mit angemessener Intensität gelernt und geübt werden kann. Die Klasse ist in wenigstens drei *Grundriegen* aufzugliedern, d. h. leistungsstarke Schüler sind mit solchen von mittlerer und geringerer Leistungsfähigkeit in einer Lerngruppe vereint. Um der in den didaktischen Vorüberlegungen geforderten Kontinuität unterrichtlichen Vorgehens nachzukommen, müßte mindestens *eine* Stunde in der Woche von einem *Lernschritt* bzw. mit einer *Wiederholungsstunde* dieses Modell ausgefüllt werden. Da unter einem Lernschritt in der Regel die Hauptaufgabe bzw. der Hauptteil einer Stunde zu verstehen ist, sollten im einleitenden Stundenteil neben allgemein-vorbereitenden Übungen auch solche mit techniknahem Charakter aufgenommen werden. Je nach Schwierigkeit oder Komplexität eines Lernschrittes sind Aufgliederungen in Teillernschritte möglich, d. h. daß dann 2 oder 3 Stunden für einen Lernschritt notwendig werden. Solche Aufgliederungen richten sich jedoch auch nach dem Leistungsstand einer Klasse bzw. nach der Variationsbreite der sensomotorischen Lernfähigkeit. Entscheidungen dieser Art sind vom Lehrer zu treffen.

Je eine Stunde sollte verwandt werden, um das noch labile Neuerlernte angemessen zu festigen (Einlernen). Evtl. Mehrbedarf an Einlernzeit muß der Lehrer „vor Ort" berücksichtigen.

1.4 Sach- und strukturanalytische Aspekte

Die Überschläge dieses Unterrichtsmodelles stellen turnerische *Grundformen* dar. Sie werden aus einer optimalen Anlaufgeschwindigkeit vollzogen und führen über Drehungen um die Breiten- und Tiefenachse zum Stand. Je nach Art des Überschlages erfolgt der Stütz der Arme nacheinander oder zeitgleich. Alles Stützen und Abdrücken erfolgt geradlinig, wobei bei zweckmäßig *weitem* Stütz der Arme *Schwungbeineinsatz, Abdruckstoß von Bein und Armen* gut koordiniert werden müssen. Der eigentliche Bewegungsansatz wird bei allen Überschlägen mit Anlauf durch ein *auftaktiges Anhüpfen* vorbereitet.

Diese *allgemeinen* Merkmale des Bewegungsverhaltens können in folgender Literatur im Detail ergänzt werden:

1. Dieckert/Koch: Methodische Übungsreihen im Gerätturnen. Schorndorf 1972[3].
2. Wiemann, Kl.: Vom Kippen zum Überschlagen — vom Schwingen zum Felgen. Schorndorf 1974[3].
3. Timmermann, H.: Bodenturnen der weiblichen Jugend. Schorndorf 1974[2].
4. Meusel, H.: Praxis der sportlichen Grundausbildung. Frankfurt 1972[2].
5. Koch, K.: Praktische Lernhilfen im Sportunterricht. Schorndorf 1974.

2. Lernziele des Unterrichtsmodells und möglicher Einstieg

2.1 Lernziele: Die Schüler sollen lernen,

— aus dem Stand und aus der Bewegung sicher in den Handstand zu schwingen,
— mit Lernhilfen — die einen allmählichen Abbau gestatten — die Bewegung über den Handstand hinauszuführen, d. h. zu „überschlagen".
— Überlegungen anzustellen, wie die neuen Fertigkeiten eingeübt werden können,
— Organisationsformen zweckmäßigen Übens zu finden,
— wie dem Partner geholfen werden kann,
— wie Wissen um die wichtigsten Merkmale des Bewegungsverhaltens das Können beeinflußt,
— wie erworbenes Können die Freude an turnerischem Üben erhöht.

2.2 Möglicher Einstieg in das Unterrichtsmodell, der zugleich auch eine angemessene Motivation ins Auge faßt:

1. Vorzeigen von Reihenbildern mit dem Episkop (oder Aushängen an der Wandzeitungstafel); Besprechung und Diskussion mit den Schülern.
2. Vorzeigen von Filmarbeitsstreifen oder Ringfilmen
3. Demonstration der Zielübungen durch Schüler, welche diese Übungen schon im Vereinsturnen erworben haben (oder durch den Lehrer).
4. Gespräch mit den Schülern.

Arbeitsmittel:

1. Filmarbeitsstreifen (für Tageslichtprojektion) Nr. 8 F 327 und 8 F 324 aus der Serie Bodenturnen. Verlag Hofmann, Schorndorf 1973.
2. Wiemann, Kl.: a. a. O., S. 48.
3. Dieckert/Koch: a. a. O., S. 75/76.
4. Lehrfilm zum Gerätturnen (Boden) vom Institut für Film und Bild. München 1971.

3. Unterrichtsabschnitte und ihre Ziele

Jeder Lernschritt — als Teil eines Unterrichtsabschnittes — führt die Schüler an weitestgehend Unbekanntes heran oder knüpft an vorauf Erworbenem an (Lernvoraussetzungen). Jeder Unterrichtsabschnitt hat das Erlernen einer spezifischen Form von Überschlägen als Ziel.

Der Erwerb technomotorischer Fertigkeiten steht in einem dialektischen Wechselverhältnis zum Entwicklungsstand der physischen Leistungsgrundlagen und allgemeinen motorischen Eigenschaften. Es ist stets eine Entscheidung des Lehrers in der realen Situation, ob das Bedingungsgefüge für den Lernprozeß stimmig ist. Nur aus einer solchen Entscheidung kann von Fall zu Fall eine Akzentuierung vorgenommen werden. Es nützt die beste methodische Stufung wenig, wenn für bestimmte Bewegungsvollzüge die notwendige Kraft nicht vorhanden ist; d. h. akzentuiert müßte — möglichst mit techniknahen Übungen — vorerst die Kraft entwickelt werden, wenn die Lerneffektivität optimal beeinflußt werden soll. In jedem Lernschritt sind die Schüler mit heranzuziehen, wenn Organisationsformen des Übens zu erproben. In Anlehnung an die Lerninhalte vollzieht sich der Unterrichtsverlauf in drei Abschnitten.

4. Unterrichtsverlauf

4.1 Erster Unterrichtsabschnitt:

Überschlag seitwärts („Rad")

Lernschritt 1

Erlernen und Üben des Schwingens in den Handstand

Lernvoraussetzungen:

„Zappelhandstand"; Fähigkeit, das eigene Körpergewicht mit den Händen abstützen zu können.

Organisation:

Es werden drei Mattenbahnen zur Wand hin ausgelegt, am Ende jeder Bahn eine Matte senkrecht an der Wand. Die Klasse übt in drei Gruppen. Nach Einweisung in die Bewegungshilfe regeln die Gruppen die Ablösung der Helfer selbst. Die Bewegungshilfe muß *zeitgerecht* an beiden Oberschenkeln zufassen (zwei Schüler helfen). Jeder Schüler übt dreimal das Schwingen in den Handstand, geht danach rechts von seiner Mattenbahn in seine Gruppe zurück. Diejenigen Schüler, die sicher in den Handstand schwingen können, verbinden das Abschwingen nachfolgend mit einer Rolle rückwärts.

Methodik:

Damit die Schüler nicht zu weit von der Wand aus aufsetzen, mit einem Kreidestrich die Aufstützlinie markieren. Am Ende der Mattenbahn einen kleinen Kreis aufzeichnen — als Orientierungshilfe für die Kopfhaltung. „Schau mit Beginn des Aufschwingens in den Kreis!".

Demonstrationen *mit* Erklärungen verbinden, damit eine optimale Einsicht in Zweckmäßiges erreicht wird!

Variation:

Üben in Dreiergruppen. Die Matten sind kreisförmig in der Halle verteilt. Das Aufschwingen in den Handstand erfolgt gegen die nebeneinander stehenden Helfer. Welche Gruppe findet gute Übungsverbindungen mit Abrollbewegungen?

Lernerfolgskontrolle:

Wer kann *ohne* Helfer zum Handstand schwingen, abschwingen und eine Rolle rückwärts anfügen? Gruppenweiser Vergleich in Verbindung mit Beobachtungen zum Bewegungsverhalten.

Arbeitsmittel:

Lehrbildreihe 8 in der Serie 1: Rollbewegungen, Abrollen aus dem Handstand. Verlag Karl Hofmann. Schorndorf 1970.

Lernschritt 2

Erlernen und Üben des „Überradelns" von Bänken in Verbindung mit dem auftaktigen „Anhopsen"

Lernvoraussetzungen: siehe Lernschritt 1, dazu:

Fähigkeit, das „Anhopsen" auszuführen (links-links-rechts oder rechts-rechts-links).

Organisation:

In der Turnhalle werden drei Schwebebänke in Abständen von ca. 5 m aufgestellt. Das Üben aktualisiert sich in drei Grundriegen in der Hin- und Rückbewegung (d. h. nach einem Durchgang nehmen die Schüler an der anderen Seite wieder Aufstellung, gehen also nicht an den ursprünglichen Ablaufplatz zurück). An einem solchen Üben ist nicht nur die Intensität relativ hoch, sondern es wird auch der Ablenkungsfaktor unter den Schülern wesentlich herabgesetzt. Bewegungshilfe ist nicht notwendig.

Jeder Schüler „tastet" sich allmählich an die für ihn mögliche Höhe des „Überradelns" heran. Die spezifischen Einzelformen des Radelns werden immer in 2—3 Durchgängen erprobt. Übungsorganisatorisch werden geübt:

a) „Überradeln" der Schwebebänke, die Laufform zwischen den Bänken ist noch freigestellt.
b) „Überradeln" der Schwebebänke, der Schüler soll eine rhythmische Ansatzform finden (akzentuierter „Hopser").
c) „Überradeln" der Schwebebänke bei aufgelegten Medizinbällen (Bälle in Tennisringe legen).
   Hier lernen und üben wir in Zweiergruppen.

Methodik:

Aus der Organisation der Übungsabläufe scheint bereits Methodik auf: vom ersten Erproben führt der Lernweg zum „Radeln" über den Ball (wobei der Ball als „Lernhilfe"; anzusehen ist). Beim Vollzug dieser Aufgabe sind Hüfte und Knie nur noch wenig gebeugt, d. h. wir nähern uns der Bewegungsgestalt des „Rades".

Zu beachten:

— im Ansatz wiederum den Kopf leicht in den Nacken nehmen (Blick auf eine gedachte Linie zwischen den Fingerspitzen der stützenden Hände).
— Landung immer auf gegengleichem Bein,
— Hände stützen nicht versetzt auf der Bank.

Schüler- oder Lehrerdemonstration — verbunden mit verbalen Bewegungshinweisen — veranschaulichen stets die Lern- und Übungsaufgabe.

Variation:

a) Die Abstände zwischen den Bänken können so verengt werden, daß in rhythmischer Folge drei „Räder" nacheinander vollzogen werden können (Übungskette).
b) Bei normalen Abständen versuchen wir uns in Gruppenrhythmen.

Lernerfolgskontrolle:

Wer kann Schwebebank und Ball „überradeln" — *ohne* daß der Ball berührt wird?

Lernschritt 3

Erlernen des Überschlages seitwärts („Rad") mit Lernhilfen — Einüben unter Beachtung einer Leistungsdifferenzierung

Lernvoraussetzungen:

Die Schüler müssen sich in den Quer- und Seithandstand schwingen können; das Bewegungsverhalten in bezug auf das Nacheinander der Bein- u. Armtätigkeiten (Sukzessiokoppelungen) muß durch das „Radeln" gut erfaßt sein.

Organisation:

a) Die Klasse wird in 4—5 Grundriegen aufgeteilt. Durch die Länge der Halle sind zwei Mattenbahnen ausgelegt. Seitlicher Abstand der Bahnen ca. 3 m. Wir knüpfen am Lernschritt 2 an und „überradeln" zunächst die Mattenbahnen im rhythmischen Nacheinander. Die Landung erfolgt auf dem Fußballen (und auf dem Hallenboden).

Orientierungshilfen für den Handstütz:

— eine mit Kreide gezogene Gerade,

— kleine Kreise auf dieser Geraden (in die im Nacheinander die Hände gesetzt werden sollen, damit ein *weiteres* Stützen erlernt wird).

Mit Hilfe einer Zauberschnur — über die hinaus der Handstütz erfolgen soll — kommt es immer mehr zu einer Streckung in der Hüfte, so daß in zunehmendem Üben aus dem „Radeln" die Grobform des *Überschlages seitwärts* herausgebildet wird. Aus zügigem Anlauf wird dann diese Grobform auf den Längsbahnen der Matten weiter ausgeformt.

b) Neben der unter a) skizzierten Möglichkeit im Sinne des Frontalunterrichtes, kann der Lehrer auch mehrere Stationen (unterschiedliche Lernhilfen) den Schülern anbieten. Die Schüler organisieren nun selbst den Lernprozeß und wählen sich diejenige Station aus, die ihrem Leistungs- und Könnensstand am angemessensten scheint. Mit zunehmender Bewegungssicherheit vollziehen sie selbsttätig dann den Wechsel zur nächsten Station, die höhere Anforderungen stellt.

Beispiele für Lernstationen:

Station 1: „Rad" mit Stütz auf eine quergelegte Matte.

Station 2: „Rad" auf der Mattenbahn mit Stütz in ausgelegte Reifen.

Station 3: „Rad" am quergelegten Kastendeckel; eine Hand stützt *auf* dem Deckel, die andere möglichst weit (in Bewegungsrichtung) auf der Mattenbahn.

Station 4: „Rad" mit Stütz über eine fast hüfthoch gehaltene Zauberschnur. Wer berührt dabei *nicht* die Schnur?

Methodik:

Auch in diesem Lernschritt sind wichtige methodische Maßnahmen bereits mittels unterrichtsorganisatorischer Hilfen abgedeckt (z. B. das durch die Orientierungshilfe „Kreidestrich" provozierte gerade Aufsetzen der Arme und Hände usw.).

Wesentlich ist jedoch in dieser Lernphase die zeitgerechte Fehlerkorrektur. Korrigierende Schüler (selbstverständlich auch der Lehrer) haben darauf zu achten, daß

— der Anlauf in einen rhythmischen „Hopser" übergeht,

— beide Hände optimal weit stützen,

— eine möglichst volle Hüftstreckung in der Hauptphase erreicht wird,

— der Kopf während des Überschlagens leicht in den Nacken gedrückt wird.

Variation:

Dieser Lernschritt ist so zielgerichtet strukturiert, daß nur Variationen zu empfehlen sind, die „Könnern" unter den Schülern bereits Möglichkeiten zu Übungsverbindungen erschließen.

Lernerfolgskontrolle:

Die im Abschnitt „Methodik" zum Schluß angeführten Bewegungsmerkmale werden von einem aus vier Schülern bestehenden Beobachtungsteam zur Bewertung benutzt (Merkmal vorhanden bzw. nicht vorhanden). Jeder Schüler achtet nur auf das ihm zugewiesene Bewegungsmerkmal. Welche Schüler haben 4 (3, 2, 1) Merkmale realisiert?

Arbeitsmittel:

Filmarbeitsstreifen 8 F 324 (für Tageslichtprojektion). Verlag Karl Hofmann. Schorndorf 1972.

4.2 *Zweiter Unterrichtsabschnitt Überschlag seitwärts mit halber Drehung gegen die Bewegungsrichtung* (Rondat bzw. Radwende)

Lernschritt 4

Erlernen und Üben der „Radwende" unter leichten Lernbedingungen

Organisation:

Wir benutzen wiederum 3—4 Schwebebänke, die in der Länge der Halle — Abstände ca. 30 m — aufgestellt werden, Klassenaufteilung: drei Grundriegen. Wir üben „im Strom":
- — Hockwenden links und rechts,
- — „Überradeln" — nun jedoch mit Schließen der Beine im Kulminationspunkt und Landung auf den Ballen *beider* Füße (Fußspitzen zeigen gegen die Bewegungsrichtung).

Methodik:

Die organisatorische Strukturierung des Lernschrittes zeigt deutlich die methodische Absicht. Lerntheoretisch sollen die Schüler in Art des „reaktiven Konditionierens" Drehung und zeitgleiche Landung auf beiden Füßen gegen die Bewegungsrichtung erlernen. In der zweiten Aufgabe wird lediglich das aus dem Üben des „Rades" bekannte „Anhopsen" und Abdrücken mit einem Bein eingefügt. Auf das „versetzte" Aufstützen der „zweiten" Hand achten!

Variation:

Statt der Schwebebänke werden die großen Sprungkästen verwandt — quergestellt in einer Höhe von ca. 0,50—0,60 m. Danach erproben wir die Übungsform als Radwende vom langgestellten Kasten aus dem Stand auf dem Kasten.

Lernerfolgskontrolle:

Wer „überradelt" die Schwebebank, landet jedoch zeitgleich auf *beiden* mit Blick gegen die Bewegungsrichtung?

Arbeitsmittel:

Filmarbeitsstreifen 8 F 327 (für Tageslichtprojektion). Verlag Karl Hofmann. Schorndorf 1972.

Lernschritt 5

Erlernen und Einüben der „Radwende" bei allmählichem Abbau der Lernhilfen

Lernvoraussetzungen:

Die Schüler sollten in der Lage sein, die in der Lernerfolgskontrolle des Lernschrittes 4 formulierte Aufgabe zu realisieren. Durch zweckgymnastische Übungen sind *Stützkraft* und *Sprungkraft* so zu verbessern, daß bei den meisten Schülern dann auch die Zielübung ohne Lernhilfe gelingt.

Organisation:

In der Halle werden aufgebaut:

— eine Mattenbahn; zwischen Matten sind in Abständen von 4 m zwei Kastendeckel eingeschoben,
— eine Schwebebank, an deren Ende ein kleiner Kasten (längs) aufgestellt ist,
— ein aus zwei langen Sprungkästen bestehender Kastensteg (0,60 m hoch),
— eine Mattenbahn aus vier Matten.

Die Klasse lernt und übt in Riegen, die dem Leistungskönnen entsprechen. Die Schüler wählen selbst ihre Übungsstation, bei der sie beginnen wollen.

Methodik:

Gute Schüler demonstrieren die Zielübungen an den einzelnen Stationen:

— an der Mattenbahn mit eingeschobenen Kästen wird die „Radwende“ so vollzogen, daß eine Hand *auf dem Kasten,* die andere *auf der Matte* aufstützt,
— an der Schwebebank mit kleinem Kasten erfolgt das Stützen und Abdrücken vom kleinen Kasten; dosierter Anlauf auf der Bank,
— beim Kastensteg wird aufgelaufen und vom Ende die „Radwende“ erprobt,
— an der Mattenbahn üben diejenigen Schüler, welche die Grobform bereits beherrschen.

Der Lehrer verweist nochmals auf die wesentlichen Bewegungsmerkmale, korrigiert Fehlverhalten von Schülern und organisiert die Bewegungssicherung.

Variation:

Die Variation des sensomotorischen Lernens findet ihren Niederschlag im vielfältigen Angebot an Lernhilfen. Leistungsstarken Schülern werden im Sinne der Variation Übungsverbindungen empfohlen, z. B. „Radwende“, Rolle rückwärts; „Rad“ und sofortiger Übergang zur „Radwende“ usw.

Lernerfolgskontrolle:

Je nach Variationsbreite in bezug auf das Können sind zur Überprüfung auch Stationen und Lernhilfen zu verwenden. Werden vom Schüler die Grundverhaltensmerkmale der „Radwende“ realisiert, dann gilt das Lernziel als erreicht.

Arbeitsmittel: siehe Lernschritt 4.

4.3 Dritter Unterrichtsabschnitt, Überschlag vorwärts mit Landungen auf beiden Beinen

Lernschritt 6

Üben des *schnellen* Schwingens in den Handstand

Lernvoraussetzungen:

Schwingen zum Handstand „gegen die Wand“ oder gegen den Partner.

Organisation:

Sämtliche Matten werden in offener Bahn und kreisförmig in der Halle ausgelegt. Je drei Schüler begeben sich an eine Matte. Ein Schüler übt das schnelle Aufschwingen in den

Handstand, die beiden Partner fangen das Aufschwingen mit Griff an den Oberschenkeln ab.

Methodik:

Der Abdruck mit dem Fuß soll *vor* der längsgelegten Matte erfolgen, das Aufstützen der Hände *optimal weit* auf der Matte. Der Blick ist auf eine zwischen den stützenden Händen gedachten Linie gerichtet. Das Aufschwingen wird in fließender Folge (3- bis 5mal hintereinander) geübt; danach erst Wechsel.

Variation:

Die Dreiergruppen üben „im Strom"; d. h. die Gruppen wechseln nach einem Versuch immer zur nächsten Matte. Nach einer vollen Runde wechseln die Partner. Diese Übungsvariation erschließt auch die Möglichkeit, im Lernprozeß vom Angehen zum leichten Lauf (mit „Anhopsen") vorzuschreiten.

Lernerfolgskontrolle:

Wer schwingt fünfmal gegen die beiden Partner zum Handstand auf? (Evtl. Zeitlimit festlegen).

Lernschritt 7

Erlernen des Überschlages vorwärts vom Kastensteg

Lernvoraussetzungen:

Sicheres und schnelles Schwingen in den Handstand in den verschiedensten Abwandlungen.

Organisation:

Aus den vier großen Sprungkästen werden zwei Kastenstege gebaut (Unterteil und Deckel), die parallel zueinander (seitlicher Abstand ca. 2 m) in der Mitte der Halle aufgestellt werden. Vor dem Kastensteg wird ein *kleiner Kasten* vorgesetzt, danach Matten in Doppellage oder Weichböden. Der *Handstütz* zum Handstandüberschlag erfolgt grundsätzlich auf dem kleinen Kasten. Dort stehen auch seitlich die Helfer, die mit Klammerdrehgriff an den Oberarmen sichern und Bewegungshilfe erteilen.

Methodik:

Bei den ersten Versuchen sollten die Schüler aus dem Stand zu Beginn des Kastensteges beginnen, um den formgerechten Bewegungsansatz zu erfassen (links — rechts — rechts — links oder rechts — links — links — rechts). Danach wird dieses Bewegungsverhalten auf dem Kastensteg mit einem Anlauf verbunden. Beim Überschlagen auf die richtige Kopfhaltung achten („Versuche, möglichst lange die Augen auf die Endkante des kleinen Kastens zu richten!").

Beim Schwingen durch den Handstand nicht die Arme anbeugen!

Variation:

Schwebebank und kleiner Kasten werden als Lernhilfe benutzt. (Diese Lernhilfe stellt an die Schüler jedoch höhere Anforderungen).

Lernerfolgskontrolle:

Wer am Kastensteg die Zielübung (mit Sicherung) so vollzieht, daß er den Stand erreicht, hat die Grobform des Überschlages (mit Lernhilfe) erworben.

Arbeitsmittel:

Filmarbeitsstreifen 8 F 326 (für Tageslichtprojektion). Schorndorf 1972.

D. Zur Methodik der Lehrarbeit

I. Die Altersstufe der 6jährigen

Bei vielen 6jährigen in der ersten Hälfte des 1. Schuljahres ist der *Gestaltwandel* (Zeller) zum Teil noch nicht abgeschlossen *(Abb. 20)*. So ist das körperliche Erscheinungsbild noch relativ uneinheitlich. Wir können aufgrund unserer Beobachtungen und Meinungen Hetzer bestätigen, daß besonders in der ersten Hälfte des ersten Schuljahres „neben Kindern, die mit den rundlichen Formen ihrer Körpergestalt, ihrer Vertrauensseligkeit und Verspieltheit noch durchaus kleinkindhaft wirken", andere stehen, „die sich schon gestreckt haben und ihre Alterskameraden daher vielfach um Haupteslänge überragen". Remplein spricht von einer „Disharmonisierung", welche die „schöne, vollendete Kleinkindform" ablöst. Der

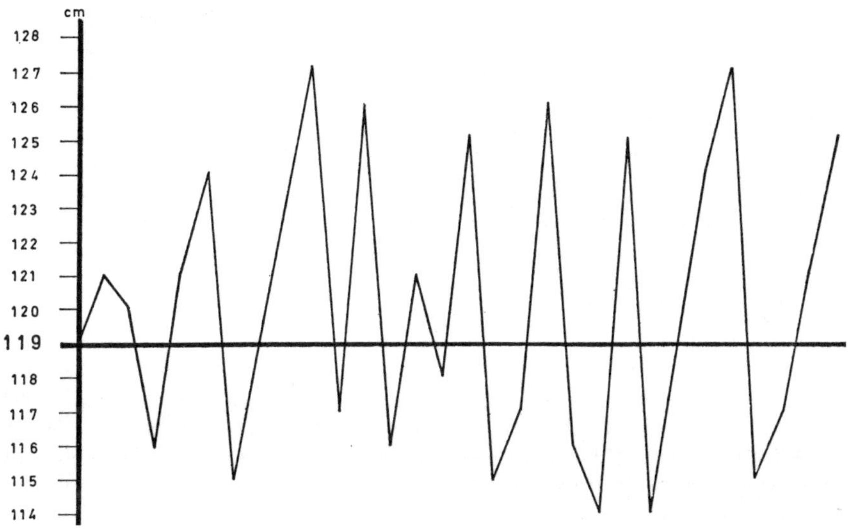

Abb. 20. Streuung der Körperhöhe im 1. Drittel des 1. Schuljahres (♂ + ♀) um den Durchschnittswert bei einer der Versuchs-Klassen (6,4—6,9 — Ordnung nach Geburtsdaten).

Gestaltwandel selbst zeigt in seinem ersten Teil im somatischen Bereich „Auflösungscharakter" (Hetzer): aus dem „pummeligen" Kleinkind mit den schlingernden und „trudelnden" Bewegungen erwächst das *Schulkind*. Der Rumpf wird schlanker, auffällig lange Gliedmaßen geben dem körperlichen Bild das Gepräge. Schenk-Danzinger verweist jedoch auch darauf, daß viele Kinder bereits als Fünfjährige ihren Proportionswandel durchlaufen. Das Kreislaufsystem ist weitgehend anpassungsfähig. (Siehe Bildtafel 3 u. 4.)

Die psychophysische und sensomotorische Leistungsbreite

Die *psychophysische* und *sensomotorische* Leistungsbreite wird daher im ersten Teil des 1. Schuljahres noch von diesem Phänomen des ersten Gestaltwandels bestimmt bzw. weitgehend beeinflußt. Vor allem ist es das Bild der *Motorik*, das sich mit dem Gestaltwandel bei Fortdauer der alterstypischen „Mobilität“ (SANDER) auffällig verändert, sowohl in quantitativer als auch in qualitativer Sicht. Diese „Mobilität“ bezieht sich jedoch in den wesentlichsten Äußerungsformen auf die *ungebundenen* Bewegungen der *Alltagsmotorik*. Beim Lösen von Bewegungsaufgaben im *neuen* Bewegungsfeld an Turngeräten sind die Bewegungen nicht selten so vorsichtig und dosiert angesetzt, daß sie ab und an „eckig“ wirken — wie auch MEINEL in seinen Versuchen feststellte — und hier und da verkrampft erscheinen. Während *vor* dem ersten Gestaltwandel die durch SANDER treffend formulierte „ziellose Zappeligkeit“ in Bewegungsformen der Alltagsmotorik (als Ergebnis der *ständigen* Beantwortung der Reizfülle der Umwelt mit Hilfe des motorischen Apparates) Bewegungsdominante ist, dürfen wir bereits in der zweiten Phase des ersten Gestaltwandels (die nach HETZER Übergangscharakter zeigt) von einer mehr oder weniger sich ausbreitenden *Bewegungskontrolle* sprechen, das heißt das Kind beantwortet nicht mehr mit einer großen Zahl überflüssiger Nebenbewegungen und wahllosen Zusatzbewegungen eine provozierte Bewegungsform. Trotzdem mit fortschreitendem Gestaltwandel eine „Steigerung motorischer Impulse“ (REMPLEIN) einhergeht, wodurch verständlicherweise *Bewegungsbedürfnis* und *Bewegungsradius* erhöht werden, entgeht dem aufmerksamen Beobachter nicht, daß die Motorik bei aller Bewegungsvielfalt Schritt um Schritt *zielgerichteter* wird und entsprechend fördernder und weiter erschließender Aufgaben bedarf, zumal die Schüler im psychischen Feld durch eine sich manifestierende „Tendenz der Selbstbestimmung“ (REMPLEIN) sonst zu Eigenmaßnahmen greifen, die nicht immer wünschenswert sind. Untersuchungen aus jüngerer Zeit (SCHENK-DANZINGER, AEBLI u. a.) führten zur Formulierung ähnlicher Tendenzen der Entwicklung.

Die psychischen Impulse sind jedoch bei den 6jährigen noch recht labil, genauso wie die *Bewegungsantriebe* schwach sind. Die Kinder werden dann leicht „übungsmüde“ und zeigen sich deutlich desinteressiert, wenn innnerhalb der Bewegungszeit sehr einseitige Aufgaben angeboten werden. So wie beim 6jährigen im mitmenschlichen Verhalten schnelle Wechsel zwischen „Zuneigung und Abneigung“ (REMPLEIN) zu registrieren sind — GESELL bezeichnet diese Tendenz mit „Bipolarität“ — genauso erleben wir in den Turnstunden in diesem Alter in fast gleicher Weise, daß heute mit großem Jubel das Spielen und Üben an den Tauen wahrgenommen wird, und bei der Fortsetzung des Bewegungsthemas am anderen Tag längst nicht das gleiche Übungsinteresse spürbar ist. Daher ist für die Stufe der 6jährigen mehr als für alle anderen Stufen gültig, daß der „Wechsel alles ist“ (DIEM). Die Schüler in diesem Alter sind einfach noch nicht in der Lage, mit dem gleichen Schwung und der gleichen Freude in Wiederholungen gleiche oder ähnliche Bewegungsaufgaben zu lösen. Dazu fehlen ihnen die Geduld und Ausdauer.

Das *schulreife Kind* wird mit einem beachtlichen *motorischen Bestand* eingeschult — von vielen Grundschullehrern kaum recht erkannt. Nach Untersuchungen von MATEEF sind bei den 6jährigen ein großer Teil von Grundformen des Bewegens (Gehen, Laufen, Springen u. a.) weitgehend „automatisiert“ und unter Normalbedingungen frei verfügbar. Umfang und Qualität des motorischen Bestandes werden nicht unwesentlich bestimmt durch die Familienerziehung und durch die Teilnahme am Kleinkinderturnen im Verein und Kindergarten *(Bildtafel 1)*; ferner durch die Möglichkeit der Selbstbetätigung auf Kinderspielplätzen und Kleinsportplätzen *(Bildtafel 2)*. Kurzum: das schulreife Kind verfügt über einen bestimmten Fertigkeitsgrad in den meisten Formen der Alltagsmotorik und beherrscht einfache Bewegungskombinationen. „Schnelle und kombinierte

Bewegungsfolgen innerhalb und außerhalb des alltäglichen motorischen Funktionskreises werden dagegen noch nicht beherrscht" (UNGERER).

Die Hauptaufgaben

Wenn auch zweifellos die Einschulung einen Einschnitt im Leben des heranwachsenden Kindes darstellt, sollten wir uns zunehmend daran gewöhnen, im Schulanfang eine *Übergangsphase* zu sehen und uns bemühen, diesen Übergang aus der „mütterlichen Wohnstube" in die „Schulwohnstube" (HETZER), vom Kinderspielplatz in die Turnhalle, aus dem zweckfreien Spielalter in das zielgerichtete Lernalter so *organisch* und *kindgemäß* wie nur möglich zu gestalten. Beim möglichst bruchlosen Gestalten dieses Überganges kann die Leibeserziehung zu einer wirksamen „Übergangshilfe" im Sinne von SPOHN werden. Wir erkennen dabei an, daß das Kind nicht voraussetzungslos zum ersten Mal die Turnhalle betritt (wie wir vorauf in gebotener Kürze darzustellen versuchten). Diese Anerkennung des schon Vorhandenen ist die Grundlage des weiteren alters- und sachgerechten *Ausbauens* der kindlichen Motorik — in unserem vorliegenden Band mit den Mitteln einer Bewegungsschulung an Turngeräten.

Dieses *„Ausbauen"* wollen wir mit angemessener Sorgfalt vollziehen; denn „die wachsende Bemächtigung leiblicher Fertigkeiten muß als Lernerfahrung höchster Eindringlichkeit gesehen werden" (SPOHN). Die Bemächtigung des Neuen und Notwendigen kann kaum in einem den Spannungsbogen zerschneidenden und unverbindlichen „Spielturnen" erfolgen, sondern muß sich in „richtigen Situationen" vollziehen, „in denen die Entfaltung vielgestaltiger Bewegung und Beanspruchung von innen heraus" (PORTMANN) gewährleistet ist. Diese „richtigen Situationen" sind um so echter und führen zu aufschließenden Erträgen, je geschickter und kenntnisreicher sie am Spielen und Üben des Vorschulkindes anknüpfen, je organischer sie sich in das Bewegungsleben des Kindes einordnen und Stufe um Stufe weiterführen. „Wesentlich ist die verantwortliche Eingliederung von Spiel und Bewegung in das Tagesgeschehen der Schule und in die Erlebnissituationen der Kinder" (SPOHN).

Aus dieser Sicht wollen wir die *Hauptaufgaben* aufgefaßt wissen, die wir thesenhaft für eine Bewegungsschulung an Geräten wie folgt formulieren:

1. *Kennenlernen* der neuen Umwelt, Informieren und *Gewöhnen* an die Geräte in *Spielformen.*

2. *Erproben* der verschiedensten Grundtätigkeiten unter Übungsbedingungen an Turngeräten — *Erweitern* der Bewegungserfahrung in *Übungsformen.*

3. *Entwickeln* der physischen Leistungsgrundlagen und der motorischen Eigenschaften (Kraft, Schnelligkeit, Ausdauer, Gewandtheit, Beweglichkeit u. a.) mit Hilfe der Grundtätigkeiten in altersgemäßer Übungsdosierung.

Das Lösen dieser Hauptaufgaben muß in einem solchen methodisch-organisatorischem Ordnungsrahmen vollzogen werden, der dem Bewegungsbedürfnis der Altersstufe entsprechend *intensives* Bewegen gestattet.

SPIELFORMEN

1. *„Auf dem Gerät ist frei“*

Kleine und große Kästen sind im Raum der Turnhalle verteilt aufgebaut. Zwischen diesen Geräten sitzen die Schüler und Schülerinnen der Klasse. Es wird ein Schüler zum Fänger bestimmt. Auf ein Zeichen des Lehrers bewegt sich die Klasse kreuz und quer laufend zwischen den Geräten, auf ein Zeichen versucht jeder so schnell es geht auf ein Gerät zu steigen, zu springen oder zu klettern. Wer nicht zeitgerecht auf ein solches

Abb. 21

Gerät gelangt oder nicht mehr darauf paßt, wird vom Fänger abgeschlagen. Beim nächsten Durchgang ist ein anderer Schüler der Fänger.

Wem gelingt es, die meisten Schüler abzuschlagen? *(Abb. 21.)*

Abb. 22

2. *„Wechselt die Bank“ (Abb. 22)*

Wir stellen die Turnbänke in einem Viereck auf (siehe *Abb. 22*). Die Klasse wird in vier Gruppen aufgeteilt. Die Gruppen nehmen auf den Bänken Platz. Je nach Armhaltung des Lehrers (der in der Mitte des Viereckes steht), wechseln die Gruppen die Bänke. Die beiden gegenübersitzenden Gruppen stehen im Wettstreit miteinander.

Abwandlungsmöglichkeiten:

a) Die Bank muß erst überstiegen und dann durchklettert werden.
b) Der Bankwechsel wird im Krabbeln vollzogen.
c) Alle vier Gruppen stehen im Wettkampf untereinander. Der Bankwechsel wickelt sich im Uhrzeigersinn ab.

3. „Katz und Maus" mit Benutzung von Geräten (Abb. 23)

Die Klasse ist in einer Kreisbahn aufgestellt. In dieser Kreisbahn befinden sich auch Geräte. Das bekannte Spiel findet nun einen solchen Ablauf, wie er eindeutig aus der Abbildung erkenntlich ist.

Abb. 23

Abwandlungsmöglichkeiten:

a) Die niedrigeren Geräte müssen überstiegen, die höheren durchkrochen werden.
b) Um jedes Gerät muß erst ein Bogen gelaufen werden, ehe es durchkrochen wird.

4. „Krabbelstaffel" an Schwebebänken

Die Schüler sind in Gruppen hinter den längsgestellten Schwebebänken angetreten. Die Zahl der Gruppen wird von der Anzahl der Bänke bestimmt.

Welche Gruppe „krabbelt" am schnellsten über die Bank?

Wir üben in Art der Umkehrstaffel. Über die Bank wird gekrabbelt, der Rückweg wird im Lauf vollzogen (seitlich der Schwebebank), mit Handschlag wird dem nächsten Schüler der Start erteilt.

5. Gruppenlauf mit Durchkriechen von Kastenteilen

Welche Gruppe hat die Tunnelstrecke zuerst überwunden? *(Abb. 24.)* Der Ablauf vollzieht sich auf ein gemeinsames Startzeichen, die Strecken zwischen den Kästen werden durchlaufen, die Form des Durchkriechens ist den Schülern überlassen. Die Kastenteile dürfen auch durchwälzt werden.

Abb. 24

6. Tragestaffel

Wir üben in Art der Pendelstaffel und laufen in Partnerschaften. Zwischen einer Strecke von ca. 10 m — wir markieren sie durch Striche oder stellen Kinderhürden auf — soll ein schmales Kastenteil hin und her transportiert werden.

Welche Gruppe löst diese Aufgabe am schnellsten?

Wenn wir diese einfachen Staffeln in leicht veränderten Aufgabenstellungen in mehrfachen Wiederholungen verlangen, entwickeln wir in einer diesen 6jährigen angemessenen Weise die motorischen Grundeigenschaften. Die sorgfältige Abstimmung der Dosierung liegt in der Hand des Lehrers.

ÜBUNGSFORMEN (*Bildtafel 5*)

Wie wir bereits in der Skizzierung der *Hauptaufgaben* herausstellten, ist das Bewegen an den Turngeräten bei den Schulanfängern — besonders in den ersten Monaten — von einem *Informieren, Orientieren* und *Kennenlernen* geprägt. Relativ gesicherte Bewegungsformen aus dem Bereich der Alltagsmotorik werden nun unter an und für sich künstlichen Bedingungen erprobt und in abgestuften Aufgaben erweitert.

1. Wir laufen über Geräte

a) Die *kleinen Kästen* sind zu einem Kastensteg zusammengestellt. Wir laufen darüber hinweg. (Siehe *Bildtafel 5.)*
b) Die Aufgabe wird erschwert, wenn die Kästen etwas auseinandergezogen werden.
c) Die Kästen werden etwa zwei Meter auseinandergezogen. Nun laufen wir in der Weise darüber, daß wir auf den Kästen *einen* Schritt ausführen.
d) Auch im Slalomlauf überwinden wir bereits die Kästen — ohne Hetze und Hast —, damit auch keiner stürzt.

e) Wir laufen über längsgestellte *Schwebebänke,* also auf nun wesentlich schmaler gewordener Unterstützungsfläche *(Abb. 25).*

Abb. 25

f) *Bewegungsaufgaben,* die eine besondere Akzentuierung des Laufens über die Schwebebänke erwarten:
Wer kann so leise laufen, daß man die Schritte kaum hört? (Ballenlauf.)
Wer kann wie ein Pferdchen über die Schwebebank laufen? (Hopserlauf.)
Wer benötigt recht wenige Schritte beim Lauf über die Bank? (Schrittlaufen.)

2. Wir steigen auf Geräte und springen hinunter

a) Hinter den kleinen Kästen sind die Schüler in mehreren Gruppen angetreten:
Steigt auf die Kästen und springt mit einem Schlußsprung hinunter!
Wer überspringt eine Zauberschnur (in gleicher Höhe mit dem Kasten, jedoch etwa 0,25 m vom Kasten entfernt)?

b) Wir bauen aus Kästen eine *Treppe.* Wir erproben nun aus größerer Höhe die Niedersprünge *(Abb. 26).*

Abb. 26

c) Wir steigen an der Gitterleiter auf die erste (zweite) Stufe, drehen uns dann so um, daß wir nach vorwärts abspringen können.

3. Wir krabbeln und kriechen auf Geräte hinauf

a) An der Sprossenwand hängen wir eine Schwebebank ein, nicht zu hoch für die 6jährigen (etwa auf der fünften oder sechsten Sprosse auflegen) *(Abb. 27).*

Wer kann auf allen vieren hinaufkrabbeln und mit zwei Schritten an der Sprossenwand absteigen?

Abb. 27

Wer kann im „Bärengang“ die Bank hinaufsteigen und an der Sprossenwand so absteigen, daß keine Sprosse ausgelassen wird?
Wer kann bis zum Ende der Bank balancieren?

b) Ähnliche Bewegungsaufgaben lassen sich am Kasten lösen, wenn der obere Deckel in den Zapfen eingehängt wird *(Abb. 28)*.

Abb. 28

c) Am Doppelreck hängen wir die Schwebebank an der niedrigeren Stange ein. Danach steigen wir ohne Handstütz auf, ergreifen die höhere Stange und balancieren mit seitlichen Nachstellschritten auf der unteren zur anderen Seite.

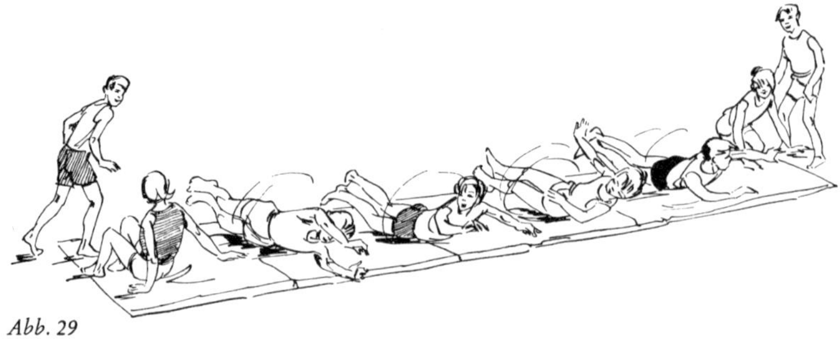

Abb. 29

4. Wir purzeln und wälzen uns auf der Mattenbahn

Wir legen mit unseren Matten mehrere Bahnen aus. Die Matten liegen längs hintereinander. Wir wollen ferner beachten, daß die Schlaufen unter die Matte gesteckt sind.

a) Wir *wälzen* uns seitwärts über die Mattenbahn, so wie wir diese Übungsform in *Abb. 29* erkennen können. Welche Gruppe hat sich am schnellsten über die Bahn gewälzt?

b) Wir erproben die gleiche Aufgabe an vielen „schrägen Hängen", die wir uns mit Hilfe der Matten und Sprungbrettern geschaffen haben.

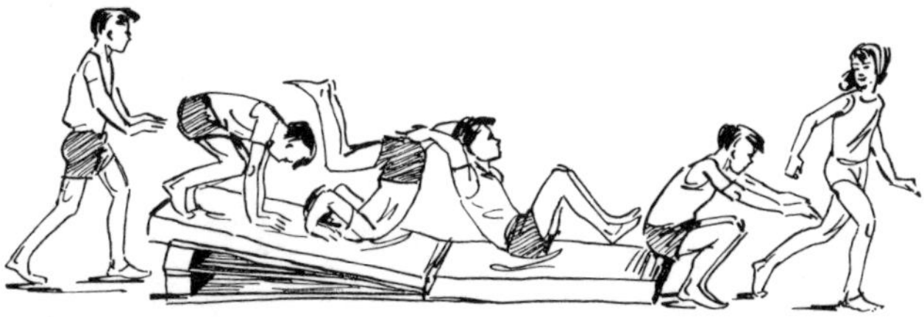

Abb. 30

c) Auf dem höchsten Punkt des „schrägen Hanges" gehen wir in den tiefen Hockstand, setzen unsere Hände vor uns auf und versuchen den Purzelbaum *(Abb. 30).*

Abb. 31

d) Auch der Purzelbaum aus dem Kniestand auf der Schwebebank liegt im Leistungsbereich der 6jährigen! *(Abb. 31.)*

II. Die Altersstufe der 7- bis 8jährigen

Die psychophysische und sensomotorische Leistungsbreite

Die Schüler dieser Altersstufe besuchen in der überwiegenden Zahl das 2. *Schuljahr* und zu einem Teil noch das *3. Schuljahr.*

Bereits zum Ende des 1. Schuljahres — auf jeden Fall nach der ersten Phase des Gestaltwandels — ist eine kontinuierlich steigende Harmonisierung der körperlichen Proportionen unverkennbar (siehe hierzu die *Bildtafeln 6/7* und die schematischen Zeichnungen *Abb. 20 und 32).* Dieser Entwicklungsvorgang führt nicht nur zu einer offen-

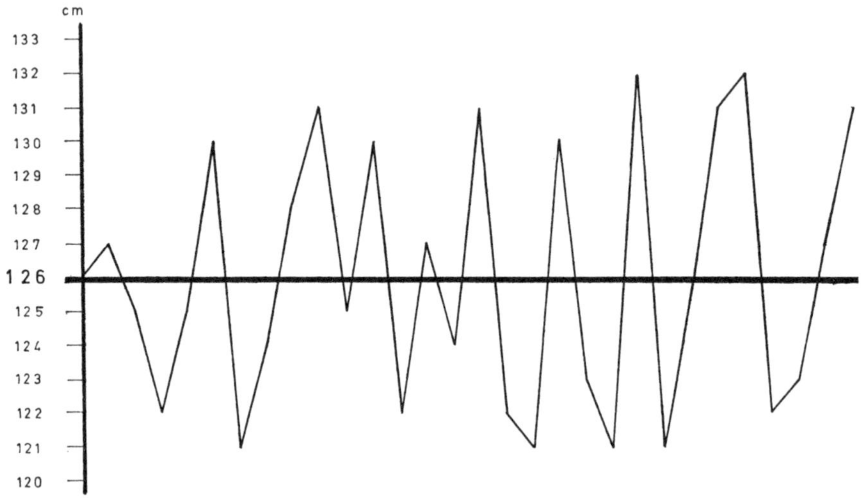

Abb. 32. Streuung der Körperhöhe im 2. Drittel um den Durchschnittswert (♂ + ♀) bei der gleichen Versuchs-Klasse (7,8—8,2).

sichtlichen Ausgeglichenheit im somatischen Bereich, sondern auch zu einem zunehmend günstigeren Last-Kraft-Verhältnis. Innere Organe und Kreislaufsystem zeichnen sich durch eine relativ hohe Funktionsreife aus. In der Regel ist bis zur Mitte des 2. Schuljahres die volle Schulkindform erreicht.

Auch in der Ausgliederung der psychischen Struktur sind bemerkenswerte Fortschritte erkennbar. Die Antriebe sind zielgerichtet. Die 7/8jährigen sind im Vergleich zu den 6jährigen ausgesprochen *neugierig*, die Möglichkeiten des Bewegens an diesem und jenem Gerät regelrecht zu erfahren, wobei es ihnen „vor allem auf die Tätigkeit des Erfahrens ankommt" (Hetzer). Diese günstige Disposition sollten wir in der Leibeserziehung mehr als bisher nutzen! Stellt man geschickt die Bewegungsaufgaben (im praktischen Teil werden zahlreiche Beispiele gegeben), dann kann man recht eindeutig feststellen, wie das

Kind dieses Alters sich des *motorischen Experimentierens* stärker bedient, um auch im Feld der Bewegung Zusammenhängen nachzuspüren. Einzelheiten spielen dabei schon eine beachtliche Rolle. Es *will* lernen, sich geschickt und gewandt in motorischen Situationen zu bewähren. Der allgemeinen „Schulwilligkeit" (HETZER) entspricht eine häufig noch arg verkannte Lernwilligkeit im motorischen Bereich.

Die Interessen der Kinder werden differenzierter, und es treten schon ausbaufähige „Sonderinteressen" (REMPLEIN) auf. Sie äußern sich im motorischen Bereich in einer spezifischeren Auswahl von Bewegungsspielen bis zu Staffeln über Hindernisse; sie äußern sich ferner analog dem wachsenden „technischen" Interesse in einer besonderen Zuneigung zu „Wunschgeräten", die nach ihrer Meinung möglichst in jeder Stunde verwendet werden sollten (Gitterleiter, Ringe, Taue, Sprossenwand usw.). Die Interessen sind jedoch nach dem 1. Gestaltwandel nicht nur differenzierter geworden, sondern auch beständiger und stabiler. Wir dürfen mit REMPLEIN die „Verfestigung der Interessen" auch auf den motorischen Bereich beziehen. „Das eigene Planen tritt gegenüber dem *Sicheinfügen in einen vorgefundenen Rahmen*" (HETZER) noch auffällig zurück, so daß die Schüler dieser Altersstufe recht leicht zu lenken sind. Das motorische Lernen vollzieht sich vorwiegend auf der Basis des *Beobachtens und Nachgestaltens.* Die Kinder schauen bei neuen Bewegungsaufgaben mit deutlichem Interesse einander zu. Beide zuletzt genannten alterstypischen Merkmale sind für die Gestaltung des Unterrichtes im 2. und 3. Schuljahr von besonderer Bedeutung.

Konzentrationsfähigkeit und Beharrlichkeit werden zunehmend konstanter, wodurch das motorische Lernen und das Erfassen von Bewegungs- oder Beobachtungsaufgaben günstig beeinflußt werden. Vital bedingte Bewegungsantriebe führen zu einem schier unermüdlichen *Bewegungsdrang* und lassen die Kinder dieses Alters nie untätig sein. Für diese Altersstufe kann nur immer wieder die *tägliche Bewegungszeit* mit vielschichtigen Aufgaben und ausreichender Dosierung gefordert werden.

Während der Schulanfänger in seinen Bewegungen an den Geräten *bedächtig* und *vorsichtig* erscheint, finden wir nun einen regelrechten *Bewegungsüberschwang,* der sich nicht nur in freien Bewegungen zeigt. Wir beobachten jedoch schon in der Mitte des 2. Schuljahres trotz der immer noch unverkennbaren „Mobilität" (SANDER) eine der Bewegungsaufgabe angemessenere *Bewegungsführung,* und wir beobachten im 3. Schuljahr bei sinkender „Mobilität" und damit kontrollierterem Bewegungsaufwand eine gesteigerte Bereitschaft, sich länger auf eine Aufgabe zu konzentrieren und auch *neue* Bewegungen zu erlernen. Die im gleichen Zeitraum vollzogene „endgültige Scheidung von Spiel- und Arbeitshaltung" (REMPLEIN) beeinflußt mit großer Wahrscheinlichkeit die motorischen Verhaltensweisen genauso, wie die stärker ausgegliederte Fähigkeit der Lenkung und Erhaltung der Aufmerksamkeit.

Das Kind des 2. und 3. Schuljahres (zunehmend im 3. Schuljahr) vermag in beachtlicher Weise einfache Bewegungsfolgen aus Grundformen *ohne* Unterbrechung zu verbinden, „es beherrscht bereits Balancier- und abgestimmte Zielbewegungen, wenn diese keine scharf umgrenzte Form verlangen" (UNGERER). Die Kinder dieser Altersstufe werden nach Untersuchungen von TEICHERT durch eine erstaunliche *rhythmische Ansprechbarkeit* ausgezeichnet. Geschlechtsspezifische Bewegungsinteressen (in bezug auf das Turnen an Geräten) sind in Koedukationsklassen zwar noch nicht besonders auffällig, wohl aber erkennbar und sicherlich in den Klassen spürbarer, wo Jungen und Mädchen getrennt sind. Ansonsten bahnt sich eine Entwicklung an, die im *motorischen Umfeld* einem Höhepunkt zustrebt, der von der Gesamtheit der heranwachsenden Kinder später kaum wieder erreicht wird. Je nach gegebenem Umfeld und Übungsangebot im 1. und 2. Schuljahr, sind im 3. Schuljahr bereits Vorgriffe möglich in das Übungsgut, wie es bei den 9- bis 11jährigen dargestellt wird.

Die Hauptaufgaben

Die Kinder dieser Altersstufe sind vor allem dann leicht lenkbar, wenn sie regelrecht *erleben,* wie ihnen durch sinnfälliges *Üben* der Weg zum *Können* geebnet wird. Der erwachende Wirklichkeitssinn gestattet und erfordert zugleich eine stärkere Ausrichtung des Turnens an den Geräten auf *umrissene* und den Schülern dieses Alters *zugängliche Ziele.*

Thesenhaft wollen wir wiederum die Aufgaben formulieren, wie sie als Hauptanliegen gestellt werden können:

1. *Gezielte Entwicklung physischer Leistungsgrundlagen und motorischer Eigenschaften* in Spiel- und Übungsformen.
2. *Erweiterung* und *Sicherung* des motorischen Bestandes im Erproben der Grundtätigkeiten — Ausformung zu *Bewegungsfertigkeiten* bei zu steigernden Übungsbedingungen.
3. *Entwickeln* und *Hinführen* zu altersgemäßen turnerischen Bewegungsfertigkeiten auf der Mattenbahn und an den Geräten.

Der methodisch-organisatorische Übungsrahmen soll besonders bei den Schülern dieses Alters *vielseitiges* und *intensives* Bewegen gestatten. Die Schüler erhalten erste Hinweise zum *Helfen* und *Sichern.* (Siehe die Beispiele bei den Übungsreihen.) Wir üben schließlich die Grundgriffe in typischen Beispielen regelrecht ein.

Beispiele zur Lehrpraxis

SPIELFORMEN

1. „Rette sich wer kann!" (Abb. 33)

Die Spielidee geht davon aus, daß derjenige „gerettet" ist, der nach einem Zeichen zum

Abb. 33

Beim „Turnen" zu Hause und beim Kleinkinderturnen im Kindergarten und Verein sollte noch viel mehr als bisher das erste Erproben der Gewandtheit und Geschicklichkeit erfolgen!

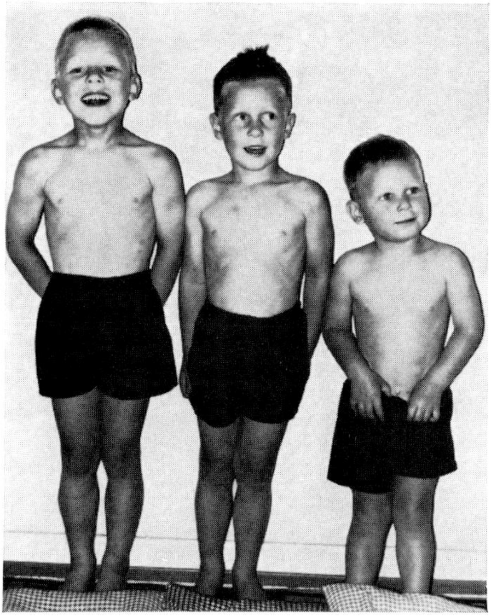

Sie sind angetreten zum häuslichen „Turnen".

Auch „Leistungsformen" werden erprobt!

Der Entschluß ist gefaßt: es wird gesprungen!

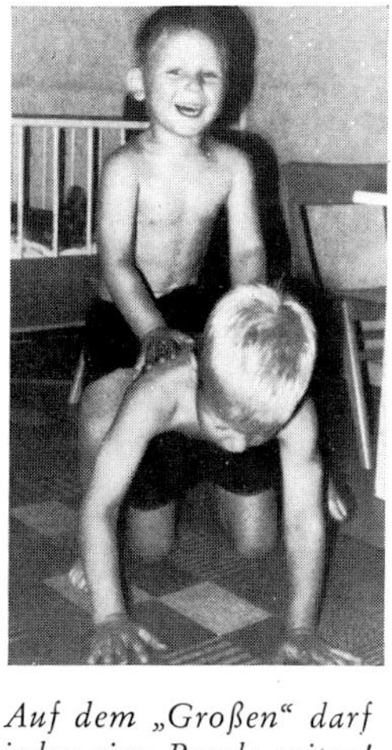

Auf dem „Großen" darf jeder eine Runde reiten!

Auch diese Aufgabe wird von einem Dreijährigen gelöst.

BILDTAFEL 2

„Sammeln von Bewegungserfahrungen" auf dem Kinderspielplatz und in der Pause auf dem Schulhof.

Das Steigen über die Bogentreppe erzieht zur Bedächtigkeit und Bewegungssicherheit.

Das Hangeln kräftigt nicht nur die Arme, sondern läßt früh und unbewußt Bewegungsgesetzlichkeiten erfühlen.

Sie nennen dieses selbsterfundene Sprungspiel „Hüpfe-Twist".

Es hat zur Pause geläutet: nun erst mal Laufen …

… und Springen für die 7/8jährigen.

Hermann Hesse: ... „und jedem Anfang wohnt ein Zauber inne".

Unsere jungen „Turner" auf der Bildtafel 4 in ihrer „Schulwohnstube":
6 j ä h r i g , erwartungsfroh, lernwillig.

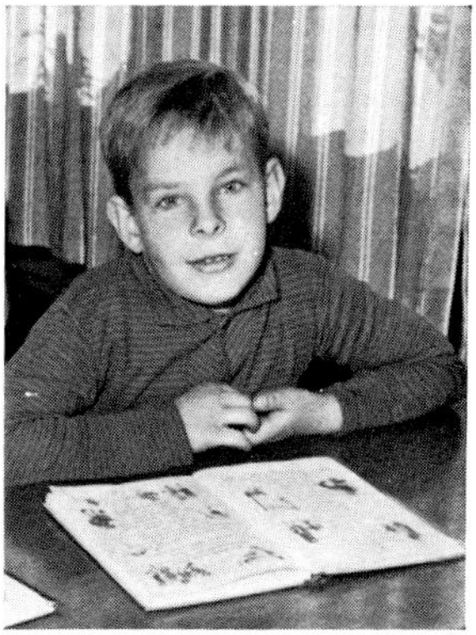

BILDTAFEL 4

Zum körperlichen und motorischen Erscheinungsbild in der Altersstufe der 6jährigen (6;6—6;8).

Der kalendarische Altersunterschied bei dieser Gruppe von Schülern eines 1. Schuljahres beträgt nur wenige Wochen. Der 1. Gestaltwandel (ZELLER) ist noch nicht abgeschlossen, daher die Unausgeglichenheit im somatischen Bereich. Das gesunde Kind verfügt über weitgehend „automatisierte" Alltagsbewegungen und Bewegungsgrundformen, ist nach erster Kontaktaufnahme äußerst „mobil" und löst sich Schritt um Schritt von der Spielhaltung des Vorschulalters. Es will konkrete Bewegungsaufgaben an den Geräten lösen.

Das Aufsteigen an der schrägen Leiter erfolgt bei den meisten Schülern mit sichernder Handfassung — typisch für dieses Alter.

Tiefsprünge von Geräten und Weitsprünge aus dem Anlauf über den Kastensteg lassen recht deutlich die Qualität des motorischen Bestandes erkennen.

Erproben — Orientieren — Gewöhnen. In diesem Zeichen steht das erste Begegnen mit dem Gerät im 1. Schuljahr.

Krabbeln und Kriechen über und um Geräte macht den Schülern dieses Schuljahres immer wieder Freude.

Balanciert wird noch mit Stützsicherung!

Rechts: Das Laufen und Schaukeln am Tau erschließt zahlreiche Bewegungsaufgaben.

Laufen und Springen ist schon so weitgehend „automatisiert“, daß auch vom Kastensteg herunter der Bewegungsablauf kaum gestört wird.

BILDTAFEL 6

Zum körperlichen und motorischen Erscheinungsbild in der Altersstufe der 7/8jährigen.

7; 4—7; 8

8; 2—8; 7

Der 1. Gestaltwandel findet bei den 7jährigen zu Beginn des 2. Schuljahres in der Regel seinen Abschluß. Die Kleinkindform ist endgültig der Schulkindform (REMPLELN) gewichen. Eine auffällige Ausgeglichenheit im somatischen Bereich kennzeichnet jedoch erst die Schüler des 3. Schuljahres (bei fließenden Übergängen). Ein spürbar qualitativer Anstieg im motorischen Bereich führt in der zweiten Hälfte des 3. Schuljahres zu einer stärker werdenden Zuwendung zur S a c h e (HETZER).

◀ *Höhere Anforderungen beim Erproben von Grundtätigkeiten!*

Links unten: Hinführen zu altersgemäßen turnerischen Fertigkeiten ... Aufschwingen auf Geräte.

Mitte unten: Das Aufsteigen erfolgt in dieser Altersstufe nun schon frei, das Springen ist gelöster und sicherer.

Rechts unten: Rolle rückwärts mit „Geländehilfe".

Bei den 8jährigen erreicht die Bewegungsgenauigkeit schon einen solchen Grad, daß Balancierübungen auf schmaleren Unterlagen erprobt werden können.

BILDTAFEL 8

Zum Üben und Ausprägen von Grundtätigkeiten an Geräten mit 7/8jährigen Schülern (2. Schuljahr).

Bedächtige Bewegungsführung beim Übersteigen eines Hindernisses.

Alle Formen des Kriechens, Krabbelns und Durchwindens werden noch gern vollzogen.

Auf breiten Flächen wird nun frei balanciert ...

... auf dem schmalen Steg des Stufenbarrens muß das „Geländer" noch angefaßt werden.

Spielbeginn sich einen Platz auf einem Gerät sichern konnte. Um dem Spiel auch den notwendigen Reiz zu schnellem Bewegen zu geben, sollten nur so viel Geräte aufgestellt werden, daß die Bequemen und Langsamen keinen Platz mehr finden. Zwei zahlenmäßig gleichstarke Parteien können im Wettkampf miteinander stehen. Die einzelnen Durchgänge sollen aus verschiedenen Ausgangsstellungen begonnen werden:
aus der Bauchlage,
aus der Rückenlage,
aus dem Hocksitz an der gegenüberliegenden Wand usw.

2. *Pendelstaffeln und Umkehrstaffeln mit und ohne Gerät an Schwebebänken (Abb. 34)*
Unsere Abbildung veranschaulicht eine Spielform unter zahlreichen anderen: Die Bänke sind auf kleinen Kästen aufgelegt. In Art der Pendelstaffel wird ein Medizinball auf der Bank hin- und hergerollt. Welche Partei hat die Übungsaufgabe am schnellsten gelöst?

Abb. 34

Abwandlungsmöglichkeiten:
der Ball wird in Verbindung mit einem Balancieren auf der Bank gerollt,
der Ball wird auf dem Kopf getragen,
der Ball wird im Rückwärtsgehen gerollt.
Ehe wir die Bank auf Geräte auflegen, erproben wir die Aufgaben zunächst unter normalen Übungsbedingungen.

3. *Hindernisstaffeln (Abb. 35)*
In zwei Bahnen sind aufgebaut: seitgestellter Sprungkasten (ca. 0,60—0,70 m hoch), Sprungkastenteil zum Durchkriechen, Umlaufmal. Wir erproben einen Gruppenlauf. Der zweite Läufer einer Gruppe läuft dann ab, wenn der Vorgänger den Kasten überwunden hat. Diese Übungsaufgabe verdeutlicht unsere Abbildung. Wir können jedoch auch in Art einer Umkehrstaffel verschiedenste Aufgaben lösen: auf den Kasten soll zunächst hinaufgeklettert werden, mit einem Tiefsprung geht es weiter,
das seitgestellte offene Kastenteil soll umlaufen werden,
auch auf dem Rückweg sollen die Geräte überwunden werden.

4. Nummernwettlauf bei Einbezug von Schwebebänken

Das Bankwechselspiel der voraufgegangenen Altersstufe erfährt eine Erweiterung. Vier Schwebebänke werden in Kreuzform aufgestellt. Abstand der jeweiligen Stirnseiten ca. 4,00 m. Im Grätschsitz nehmen auf den Bänken zahlenmäßig gleichstarke Gruppen Platz.

Abb. 35

Die Schüler erhalten von der Stirnseite zum Ende hin „Nummern“. Der Spielleiter ruft jeweils eine Nummer auf. Alle vier Schüler mit der gleichen Nummer müssen nun eine Runde laufen und dabei die Schwebebänke übersteigen oder überspringen. Derjenige Schüler, der zuerst wieder seinen Platz erreicht hat, erhält für seine Gruppe vier Punkte, der nächste drei usw.

Abwandlungsmöglichkeiten:

die jeweils nächste Bank muß durchkrochen werden,
vor der Gesamtrunde ist eine Runde um die eigene Schwebebank zu absolvieren,
es müssen zwei Runden gelaufen werden.
Mit diesen Abwandlungsmöglichkeiten wollen wir zugleich andeuten, wie eine Belastungssteigerung erreicht werden kann (Entwicklung motorischer Grundeigenschaften).

ÜBUNGSFORMEN

ZUM ÜBEN UND AUSPRÄGEN VON GRUNDTÄTIGKEITEN AN GERÄTEN (Bildtafel 8/9/10)

Wir kriechen und krabbeln

a) Kastenteile sind in Längsrichtung aufgestellt — Abstand der Teile ca. 1,00 m *(Abb. 36)*
Durchkriecht die Kastenteile auf allen vieren!
Wir durchkriechen jedes Teil zweimal.
Zwischen den Phasen des Durchkriechens — es kann zur Abwechslung auch das Durchwälzen erprobt werden — bewegen wir uns im „Bärengang“.

Versucht einmal im „Krebsgang“ durch die Kastenteile zu kommen!

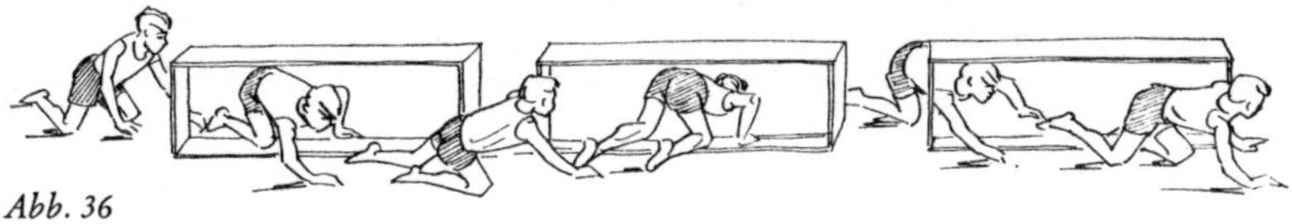

Abb. 36

b) Kastenteile sind in Seitstellung aufgebaut — Abstand unregelmäßig *(Abb. 37)*
Durchkriechen der Kastenteile im Gruppen- und Klassenverband. Im Gruppenverband kann auch ab und zu in dieser Bewegungsform ein Wettkampf durchgeführt werden.

Umlauft jedes Kastenteil vor dem Durchkriechen!
Wer kann den „Tunnel“ rückwärtskriechend durchqueren?
Übt in Partnerschaften das Durchkriechen!
Wir schieben alle vorhandenen Kastenteile so eng zusammen, daß ein geschlossener „Tunnel“ entsteht. Wer wagt sich hindurch?

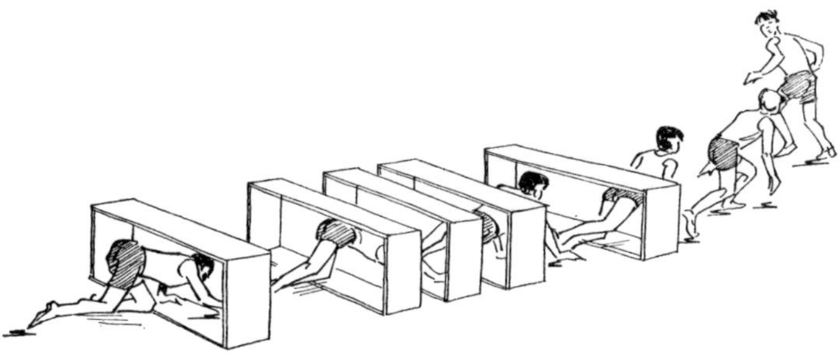

Abb. 37

c) Der Kastendeckel wird *quer* über zwei weitere Teile gelegt *(Abb. 38)*
Wir steigen auf der einen Seite hinein und krabbeln auf der anderen Seite wieder

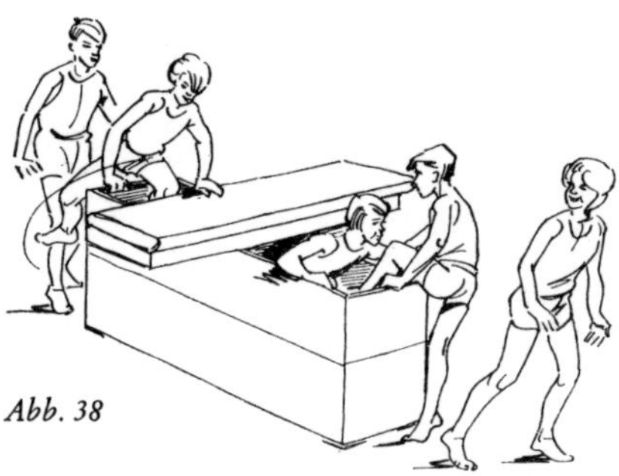

Abb. 38

heraus, so wie es unsere Abbildung gut veranschaulicht. Damit der Deckel nicht verschoben wird, wenn einige weniger geschickte Schüler mit den Rücken daranstoßen, sollte zu Beginn ein Schüler sich daraufsetzen.

Es steigen zwei Schüler von verschiedenen Seiten ein und versuchen, sich im Kasten aneinander vorbeizuwinden.

d) Schwebebänke sind in Längsrichtung — mehrere nebeneinander mit Abständen von ca. 2,00 m — aufgestellt.
Wir krabbeln über die Bank hinweg und winden uns gleich wieder unter ihr hindurch.
Wir krabbeln und kriechen unter den Bänken hinweg. Jeder muß diese Aufgabe wenigstens dreimal lösen!
„Bärengang" über die Bank hinweg!
Wer wagt den „Krebsgang"?

e) Die Schwebebänke befinden sich in Seitstellung — Abstand von Bank zu Bank etwa 3,00 m
Über die erste Bank steigen wir hinweg, unter der nächsten kriechen wir darunter durch.
Durchkriecht die erste Bank und überkrabbelt die nächste!
Die gesamte Klasse krabbelt in „Slalomart" über alle Bänke hinweg.

f) Die Schwebebänke werden so im Viereck aufgebaut, wie wir es aus der *Abb. 39* entnehmen können

Abb. 39

Den größeren „Tunnel" durchkriechen wir in flotter Bewegung, durch den niedrigeren winden wir uns hindurch.

Über die höheren Schwebebänke krabbeln wir, auf den niedrigeren erproben wir den „Bärengang".

Abb. 40

Ein Verfolgungsrennen unter diesen Übungsbedingungen macht den 7/8jährigen besondere Freude.

g) Die Schwebebänke werden auf andere Geräte aufgelegt

Die Grundformen des Kriechens und Krabbelns finden ein neues Übungsfeld, wenn wir die Bänke auflegen oder an der Sprossenwand bzw. Gitterleiter einhängen. In der

Abb. 41

Abb. 42

Methodik spricht man in solchen Fällen von einer *Übungssteigerung*. Die *Abbildungen 40, 41 und 42* deuten die Vielfalt des Möglichen in bezug auf ein Verändern der Übungsbedingungen an.

Abb. 43

h) Krabbeln über schmale Unterstützungsflächen *(Abb. 43)*

Mit den 8jährigen können wir auch bereits versuchen, im „Bärengang" über den Barren zu gelangen (der natürlich in dieser Aufstellung auch noch in anderer Weise genutzt wird).

Abb. 44

i) Krabbeln und Kriechen auf der Schwebebank — jetzt aber mit dem Lösen besonderer Aufgaben verbunden — *Abb. 44* — (auch über gehaltene Gymnastikstäbe oder aufgelegte Bälle hinweg).

Wir klettern, klimmen und hangeln

In diesen Bewegungsformen können wir beim gesunden und bewegungsfrohen Kind mit einem in der Regel ausreichenden Bewegungsbestand rechnen, den es auszubauen gilt. Auch hierzu in Wort und Bild *altersgemäße* Übungsformen zur Anregung und weiteren Abwandlung. Wir klettern *barfuß!*

Abb. 45

a) Wir klettern an der Sprossenwand *(Abb. 45)*.
Klettert an der vorderen Seite hinauf und wieder herunter, jeder in seiner ihm gemäßen Art!
Wer kann mit großen Schritten hinaufklettern und jeweils mehrere Stufen überspringen?

Wer zeigt den anderen, wie man den Kletterschritt immer mit dem gleichen Bein ausführt?

Auf der Vorderseite wird die Sprossenwand erklettert, auf der Rückseite erfolgt der Abstieg.

Erklettern der Sprossenwand, durchwinden durch das „Fenster“ und absteigen *(Abb. 45)*.

Wer kann sich zweimal durch das Sprossenwandfenster winden?

Klettern und durchwinden durch das „Fenster“, ohne daß die Sprossenwand vorher überstiegen wird.

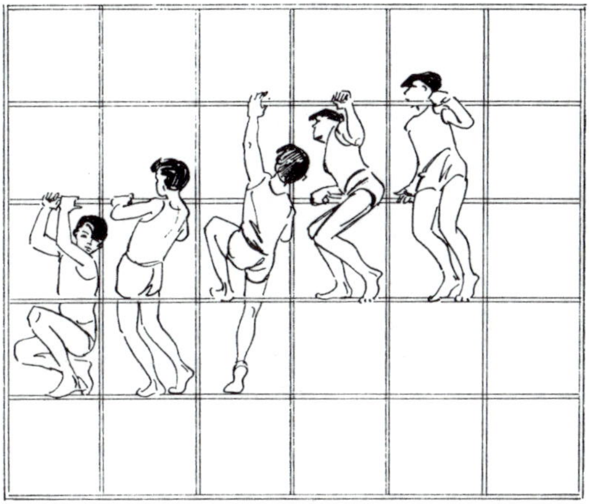

Abb. 46

b) Wir klettern und klimmen an der Gitterleiter *(Abb. 46)*.

Vorsicht beim Steigern der Höhe! Wir gewöhnen uns *allmählich* an das Klettern bis zum höchsten Gitterleiterfenster. Die 7jährigen klettern ohnehin nur bis zum dritten Fenster. Die Hände ergreifen fest die Sprossen.

Jeder klettert bis zur dritten Sprosse und steigt wieder ab. Die unterste Sprosse wird durchkrochen, dann wird bis zur fünften Sprosse geklettert.

Wir klettern und winden uns durch bis zur dritten Sprosse, danach Abstieg bis zur untersten Sprosse und Niedersprung. (Siehe *Abb. 46.)*

Wer kann *schräg* durch drei Felder klettern?

Wir klettern bis zur dritten Stufe, steigen dann seitwärts von Feld zu Feld bis zum anderen Ende und klettern auf der Rückseite der Gitterleiter abwärts.

c) Wir klettern und klimmen an den Kletterstangen *(Abb. 47)*.

Mit den 8jährigen machen wir auch schon die ersten Kletterversuche an den Kletterstangen. Nach den Anfangsversuchen läßt der Lehrer die gelungenen Kletterhaltungen vorzeigen, korrigiert im notwendigen Falle und weist auf den Bewegungsablauf hin. Wir klettern auch nur bis zu halber Höhe — dafür können wir diese Versuche öfters wiederholen, um die Armkraft und die Bauchmuskulatur zu entwickeln. Keinesfalls darf abwärts gerutscht werden!

Abb. 47

Aufwärts- und abwärtsklettern bis zu halber Höhe.
Bei genügender Klettersicherheit kann auch ohne Bedenken ein Gruppenwettkampf ausgetragen werden.
Wir klettern an einer Stange bis etwa zur Drittelhöhe. Wer kann nun zur Nachbarstange überwechseln und dort abwärtsklettern?
Erprobt die gleiche Aufgabe bei halber Höhe!

Abb. 48

d) Wir klettern und klimmen an der „Klettertreppe".
Wenn durch andere Gruppen und Klassen die Kästen nicht benötigt werden, dann lassen wir uns für die 7/8jährigen einmal eine „Treppe" besonderer Art aufbauen —

dargestellt in der *Abb. 48.* Wir üben von beiden Seiten: Aufsteigen bis zum hohen Kasten. Die Gruppen auf der einen Seite umklettern den niedrigen Holm, die Gruppen auf der anderen Seite den höheren (nur für 8jährige).

Wir steigen von der Seite des niederen Holmes auf und überklettern beide Holme und steigen auf der anderen Seite ab. (Siehe hierzu die *Abb. 48.)*

Bemerkungen zur Übungssteigerung: Wir haben für unsere „Klettertreppe“ als besonderes Hindernis deshalb den Stufenbarren gewählt, weil er gestattet, die Übungsbedingungen dem Können der Schüler anzupassen. Die Holme können sowohl in der Höhe als auch in der Breite verstellt werden. Wir beginnen mit den einfachsten Bedingungen.

Schließlich ziehen wir die kleinen Kästen so weit von den großen ab, daß diese nicht erstiegen werden können und ein zusätzliches Klettern die Anforderungen steigert.

e) Wir erproben das Klettern am Stufenbarren in Kombination mit einem großen Kasten *(Abb. 49).*

Überklettert die Holme bis zum Stand auf dem großen Kasten — Niedersprung als Abgang!

Wer umklettert den hohen Holm einmal (zweimal, dreimal)?

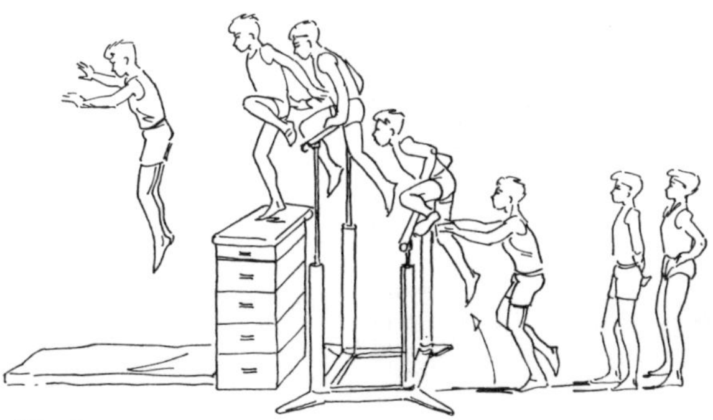

Abb. 49

Wir erklettern den niederen Holm und winden uns durch zum Stand auf dem großen Kasten — abwärtsklettern unter Benutzung der Kastengriffe.

Wir beginnen vor der anderen Seite und klettern also zuerst auf den großen Kasten, überklettern den hohen Holm und wieder zurück auf den Kasten.

Steigt von der Seite auf den hohen Kasten!

f) Wir klettern und klimmen am Reck, das wiederum mit dem hohen Kasten eine Gerätekombination darstellt *(Abb. 50).*

Wir klettern auf den Kasten, überklettern die Reckstange und winden uns gleich wieder zurück auf den Kasten. Geschickte 8jährige können dieses Kunststück gleich mehrere Male hintereinander.

Wer kann sich mit Griff an der Reckstange auf den Kasten winden, die Reckstange umklettern und rückwärtig abhurten?

Abb. 50

g) Wir klettern und klimmen am „Fensterreck".

Steigt auf die niedere Reckstange auf, überklettert die höhere und windet euch wieder zurück! *(Abb. 51.)*

Abb. 51

Jeder Schüler einer Gruppe muß die obere Stange zweimal umklettern.

Welche Gruppe ist zuerst mit den Aufgaben fertig? (Bei niedriger Höhe können wir diese Kletterform durchaus einmal in einem Gruppenwettkampf durchführen. Matten nicht vergessen!)

h) Wir klettern und hangeln an der hohen Reckstange *(Abb. 52)*.

Anfänglich steigen wir auf einen kleinen Kasten und ergreifen von hier aus die Reckstange, um zur anderen Seite zu gelangen.

Wer kann vom seitlichen Steg der Reckpfosten aus die Stange erreichen?

Springt an die Stange und hangelt zur anderen Seite! (Die Reckstange dabei so einstellen, daß der Durchschnitt der Schüler diese Höhe im Sprung erlangen kann.)

Wir steigen und balancieren

Das *Steigen* und *Balancieren* erfährt auf Grund der vorhandenen Voraussetzungen eine wesentliche Steigerung und vom 2. bis zum 3. Schuljahr eine kontinuierliche Erweiterung, wie sie recht deutlich durch die Bewegungsmodelle *(Abb. 53 bis 56)* veranschaulicht wird.

Abb. 52

a) Wir steigen und balancieren an aufgelegten Schwebebänken *(Abb. 53 und 54)*.

Abb. 53

Abb. 54

Unter einfacheren Übungsbedingungen haben wir ähnliche Aufgaben bereits bei den 6jährigen in unserem Plan. Wir haben also kein reines „Neuland" vor uns, wenn sich in der 1. Klasse schon um ein angemessenes Bewegen an den Geräten bemüht wurde.

Wir balancieren über die Schwebebank und tragen dabei einen Medizinball (auf dem Kopf, unter dem Arm, auf dem Rücken).

Wer kann ganz leise über die schiefen Ebenen gehen (Ballengang)?

Wir versuchen das Balancieren auch im lockeren Lauf auszuführen. Beginnt in zwei Gruppen von verschiedenen Seiten! Von welcher Übungsgemeinschaft mußten die wenigsten Schüler beim Ausweichen beziehungsweise Vorbeiwinden die Bank „verlassen"?

Eine *Übungssteigerung* erhalten wir nicht nur durch häufiges Wiederholen, sondern auch durch eine Erschwerung der *Übungsbedingungen*, wie zum Beispiel Auflegen der Schwebebänke auf große Kästen, Einhängen in die Sprossenwand mit entprechender Höhensteigerung, Einhängen am Parallelbarren (mit Übersteigen der Holmengasse). Vergleiche hierzu die *Abb. 54.*

b) Wir steigen und balancieren an übereinandergestellten Schwebebänken.

Unter diesen Übungsbedingungen muß das Steigen und Balancieren nun schon sehr vorsichtig vollzogen werden — eine wirksame Möglichkeit der Erziehung zur *Bewegungsgenauigkeit.* Die Bänke können im Viereck aufgestellt werden (siehe dazu *Abb. 39),* sie können jedoch auch in Längsrichtung aufgebaut sein (siehe dazu *Abb. 55).* Balancieren über die Bänke im Ballengang. Wer kann über alle Bänke in seitlichen Nachstellschritten hinwegbalancieren? Im „Storchengang" überwinden wir aufgelegte Medizinbälle *(Abb. 55).*

Abb. 55

c) Wir steigen und balancieren am Lüneburger Stegel.

Erprobt die Aufgaben unter a) am Stegel! *(Siehe Bildtafel 7.)*

Wir schaukeln und schwingen

Das *Schaukeln* und *Schwingen* (letzteres wird in den ersten elementaren Formen vollzogen) an den Tauen und an den Ringen dient vor allem der Festigung des Schultergürtels und der Entwicklung der Gewandtheit. Wir üben das Schaukeln *kurzzeitig* und wollen lieber die gleichen Aufgaben häufiger wiederholen. Die Freude, die dieses Bewegen vermittelt, wollen wir gar nicht hervorheben.

Laufen mit Griff am Tau und zurückschaukeln. Wer wagt die Aufgabe zweimal (dreimal)?

Wer kann bis zur Matte schaukeln und dort mit einem kurzen Schwung abspringen? Von welcher Gruppe haben die meisten Schüler das Ziel erreicht? *(Abb. 56.)*

Nach jedem Durchgang schieben wir die Matten ein wenig weiter. Eine andere Aufgabe ist noch recht reizvoll: wir zeichnen auf den Matten kleinere Vierecke (50 × 50 cm), in denen gelandet werden soll.

Abb. 56

Oder: wer tritt den auf der jeweiligen Matte liegenden Gymnastikball möglichst weit? Aber nicht das schwingende Tau verlassen!

Abb. 57

Die *Übungssteigerung* kann bei den 8jährigen so angesetzt werden, daß zunächst von Schwebebänke heruntergeschaukelt wird. Nach genügender Sicherheit schwingen wir auch hier bereits in einem leicht angedeuteten Unterschwung ab.

Wer schaukelt vor und wieder zurück zum Stand auf der Bank? *(Abb. 57.)* Wir können auch schon ungefähr 2,00 m vor der Bank eine Zauberschnur spannen, wenn wir zugleich Matten auslegen. Wer schaukelt und überschwingt die Zauberschnur? (Wir beginnen mit niedrigen Höhen — ca. 10 cm — und steigern ganz allmählich.)

Fast alle Übungsformen sind auch im Gruppenwetteifer zu vollziehen. Solche Wettkampfformen wollen wir jedoch erst dann in unsere Übungsstunde einbeziehen, wenn die Kraft ausreichend entwickelt ist. Sonst kommt es gar zu leicht zu Unfällen, weil das Kind im Eifer des Übens in der Regel das Tau nicht richtig greift und dann auf der Erde entlangschleift.

Wir laufen, hüpfen und springen

Wir haben das *Laufen, Hüpfen* und *Springen* (als Grundtätigkeiten) nicht ohne Grund an das Ende dieses Abschnittes gestellt. Das Überspringen von Geräten und Geräteteilen und das Springen von Gerät zu Gerät schließt bereits beachtliche Bewegungsleistungen der 7/8jährigen ein. Wir haben uns auch hier bemüht, die Stufung der Bewegungsleistung durch den Zeichner mit Hilfe von Bewegungsmodellen darzustellen *(Abb. 58 bis 63).*

In einfacher Weise beginnen wir mit einer Schulung von *Lauf- und Sprungrhythmen.*

Abb. 58

a) Die offenen Kastenteile sind eng aneinandergereiht *(Abb. 58).*

   Lauft und springt in der Kastenbahn! Wer kann in „Hopsern" die Bahn durcheilen? (... und hopst — und hopst — und hopst usw.) Wer schafft die gesamte Bahn in Schlußhüpfern?

Abb. 59

b) Die Schwebebänke stellen wir so seitlich auf, daß der Abstand etwa 2,00 m beträgt *(Abb. 59).*

Wer kann alle vier Schwebebänke im Hopsersprung überwinden? Wer kann so über die Bänke hinweglaufen (und sich dabei von den Bänken abdrücken), daß folgender Laufrhythmus entsteht: ... lauft — lauft — lauft — hoch — lauft — lauft — hoch — lauft — lauft hoch usw. Wir erproben mit dieser Aufgabe die Zweischrittfolge, die überraschend schnell erfaßt wird.

Abb. 60

Um die Sprungkraft zu entwickeln, üben wir auch Schlußsprünge auf und über die Bänke hinweg. Das gilt vor allem für die 8jährigen, die wir auch an den *längs* aufgestellten Schwebebänken recht häufig zu Lauf- und Sprungübungen auffordern *(Abb. 60)*.

Wenn wir schließlich die Schwebebank wiederum auf einen großen Kasten auflegen *(Abb. 61)*, bieten sich verschiedene Möglichkeiten an, *Tiefsprünge* und *Weitsprünge*

Abb. 61

sinnvoll zu schulen. Während wir bei den *Tiefsprüngen* nach den ersten Versuchen Zusatzaufgaben stellen (Drehungen, Purzelbaum), wollen wir bei den Weitsprüngen schon (und das reicht als Übungsaufgabe vollauf aus) auf eine zweckmäßige und abgefederte Landung achten.

c) Kleine und große Kästen sind in einer Bahn aufgebaut *(Abb. 62 und 63).*

Lauft und springt von Kasten zu Kasten! Während wir bei den kleinen Kästen sofort aus der Landung zum nächsten Sprung ansetzen (Abstände nicht zu groß wählen!),

Abb. 62

können wir bei den längsgestellten Kästen Absprungrhythmen unter besonderen Bedingungen üben ... und — Sprung — und — Sprung — und — Sprung ... usw.

Abb. 63

Wir brauchen hierzu kaum eine Bewegungsanweisung zu geben, denn die Aufgabe ergibt sich aus der Übungssituation, die auch den Lauf- und Sprungrhythmus prägt.

Zum Üben und Ausprägen von Grundtätigkeiten an Geräten mit 8jährigen (z. T. 9jähr.) Schülern (3. Schuljahr).

Balancieren über hochgelegte Schwebebänke ...

... und Laufen über die „schräge Ebene" — echte Möglichkeiten zur Übungssteigerung gegenüber gleichen Aufgaben im 2. Schuljahr.

Über die Reckstange hinwegklettern — wer schafft das mehrere Male hintereinander?

Mit Schwung den Kastendeckel hinauf — im Vierfüßlergang über den offenen Kasten hinweg.

Üben der Bewegungsgenauigkeit im Lauf.

BILDTAFEL 10

Nach dem Steigen und Balancieren folgt der Rutsch „zu Tal“ (8jährige Schüler).

Zum Hinführen und Erlernen altersgemäßer Grundformen turnerischer Bewegungsfertigkeiten im 2./3. Schuljahr.

Aus der Bewegungsfamilie der Rollen.

Wir rollen die schräge Ebene hinunter v o r w ä r t s . . .

. . . und auch r ü c k w ä r t s.

Das Abrollen fördert wesentlich die Bewegungsgewandtheit.

Die Rolle vorwärts über den Partner hinweg sollte im 3. Schuljahr jedes Kind vollziehen können!

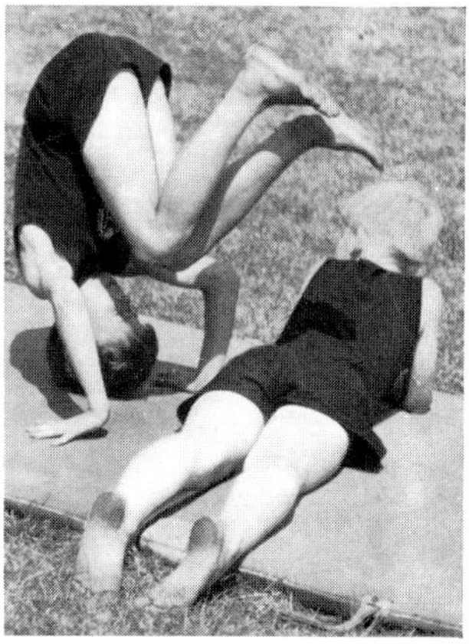

BILDTAFEL 12

Zum Erlernen und Üben altersgemäßer Grundformen turnerischer Bewegungsfertigkeiten im 2./3. Schuljahr (8jährige).

Aus der Bewegungsfamilie der Stützsprünge und Schwünge.

Hockwende über die Reckstange. Wer kann sofort unter der Stange hinweg wieder zurücklaufen?

Durch die flüchtige Spannbeuge unter dem Holm hinweg! Vorbereitung auf den Unterschwung.

Kindgemäße Form des Aufschwingens.

„Zwingende" Bewegungsaufgabe.

Schüler des 3. Schuljahres beim Einüben und Gestalten turnerischer Bewegungsfertigkeiten: Erproben einfacher Übungsverbindungen an Geräten zur Schulung der Bewegungskoordination und Bewegungsantizipation.

Aufhocken auf den seitgestellten Kasten — Schrittsprung auf den dahinter aufgestellten kleinen Sprungkasten und locker weiterlaufen . . .

Hockwende über den großen seitgestellten Kasten — federnde Landung und ohne Zwischenfedern eine Rolle vorwärts anfügen.

BILDTAFEL 14

Zum körperlichen und motorischen Erscheinungsbild in der Altersstufe der 9- bis 11jährigen.

10; 8—11; 2

Der Ausgeglichenheit im somatischen Bereich, die besonders vom 3. Schuljahr an das äußere Erscheinungsbild prägt, gesellt sich weitestgehend die psychische hinzu. Was sich motorisch etwa im letzten Drittel bei den 9- bis 10jährigen der 3. Klassen andeutete, erfährt nun seine altersgemäß optimale Ausprägung. Die Bewegungen werden zunehmend gesteuert und beherrscht. Dieses ausgesprochene „Lernalter" (MEINEL) in bezug zur sensomotorischen Leistungsfähigkeit muß zum Erlernen eines Grundkanons turnerischer Bewegungsfertigkeiten genützt werden!

Springen aus vorhandener Kraftfülle — typisch für dieses Alter.

„Wagen mit Form" — auch das zeichnet die Schüler im 4. Schuljahr aus, wenn der Formsinn geweckt wurde.

Aus dem Können erwächst das Gestalten!

Die 9jährigen — immer mit Interesse bei der Sache!

BILDTAFEL 16

Steigende „Reliefenergie“ (Grimm) im Gesichtsausdruck als Ausdruck der Weite des Spannungsbogens der Entwicklung vom 6jährigen zum 11jährigen.

Die Züge des Kleinkindalters sind noch nicht voll gewichen. Trotzdem zeichnet die 6jährigen ein beobachtendes und erlebendes Einstellen auf die neue Umwelt aus.

Bei aktivem Besitzergreifen mit schon deutlich kritischer Einstellung erkennen wir bei den 11jährigen eine volle Zuwendung zur realen Umwelt.

ZUM ERLERNEN UND ÜBEN ALTERSGEMÄSSER GRUNDFORMEN TURNERISCHER BEWEGUNGSFERTIGKEITEN (Bildtafel 11/12)

Vorbemerkungen zu den Übungsreihen

Die nachfolgend dargestellten Übungsreihen sind mit überwiegend *8jährigen* Schülerinnen und Schülern erprobt und haben sich vielfach bewährt. Die methodischen Übungsreihen entnehmen ihre Grundstruktur der österreichischen Schule (GROLL, FETZ u. a.). Die den Möglichkeiten der Unterstufe entsprechende Abwandlung und terminologische Neufassung berücksichtigt neuere Erkenntnisse des motorischen Lernens. Die Bewegungsfertigkeiten selbst liegen im sensomotorischen Leistungsfeld der Schüler dieses Alters, wenn mit Hilfe der Grundtätigkeiten die notwendige motorische Funktionsreife vermittelt wurde. Die speziellen motorischen Voraussetzungen werden über die *vorbereitenden* Übungsformen erworben.

In den Übungsreihen haben wir nur die *Kernformen vorbereitender, zielgerichteter* und *ausprägender* Übungsformen erfaßt, die den Weg zur *motorischen Grobform* einer Zielübung und ihrer Festigung weisen. Sie gestatten noch weitgehend Abwandlungen und Erweiterungen und wollen nicht den methodischen Weg normieren! Der *Suchende* soll in den Übungsreihen eine echte Leitlinie finden, der um das Anliegen und die Sache schon stärker *Wissende* eine überschaubare und anregende Lehrhilfe. Nicht zuletzt wurde auch aus diesen Gründen in großzügiger Weise das *Bild* und die *Zeichnung* zur Veranschaulichung herangezogen.

Fast jede dieser *Kernformen* von Übungen auf dem Wege zur motorischen Grobform einer erstrebenswerten turnerischen Grundfertigkeit kann *Hauptaufgabe* einer Übungsstunde im Sinne von WAGNER sein, so daß damit die so oft gestellte Frage nach dem zeitlichen Übungsumfang einer methodischen Übungsreihe sicherlich ausreichend beantwortet ist.

Die einzelnen Übungsreihen sind integrierende Glieder von *Bewegungsfamilien* (bewegungsmorphologisch verwandte Bewegungen), deren Zielübungen formgenetisch eine durch *Üben* und *Ausformen* ständige Entwicklung erfahren. Dieses *„überlappende" Einüben* hat leider im Sportunterricht noch längst nicht den Platz, der in bezug auf eine zielgerichtete Unterrichtsarbeit wünschenswert wäre. Wo innerhalb der Übungsreihen Bewegungshilfe und Sicherung notwendig erscheinen, haben wir sie in Zeichnungen verdeutlicht. Die Schüler helfen sich selbst; nur bei Erstversuchen mit einem relativen Risiko (Salto, Überschlag vom Kasten u. a.) sollte der Lehrer diese Aufgabe übernehmen.

ÜBUNGSREIHE 1

Knieaufschwung am Reck

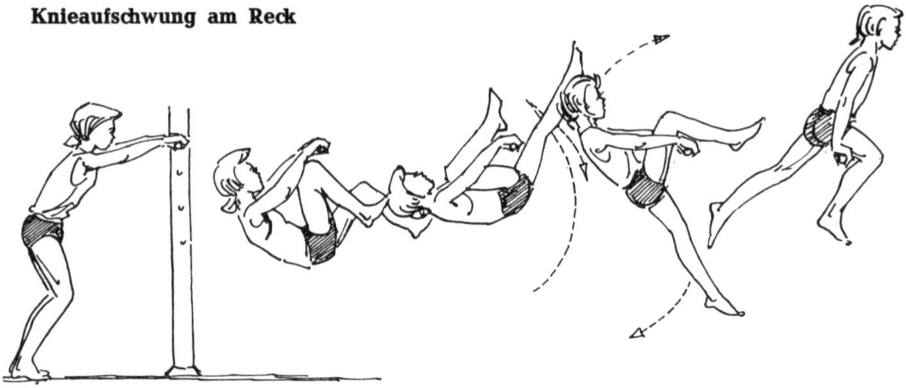

1. VORBEREITENDE ÜBUNGSFORMEN

a) Übungen zur Erhöhung der Griffsicherheit und der speziellen Gewandtheit

b) „Wiegemesser" mit einem angehockten Bein

c) Wer kann aus dem „Wiegemesser" auf dem angehockten Bein aufstehen?

d) Diese Übungsabsicht hatten wir schon unter a) — nun aber sind die Übungsbedingungen wesentlich erhöht. (Drücken wir uns mit einem Bein ab und setzen das andere als Schwungbein ein, dann bereiten wir auf den Felgaufschwung vor!)

2. ZIELGERICHTETE ÜBUNGSFORMEN

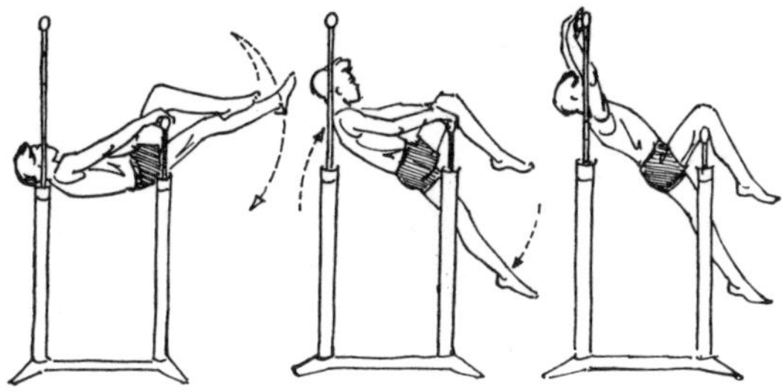

e) Wer kann aus dem Schwingen im Knieliegehang den oberen Holm ergreifen?

f) Als Übung in der Zweiergruppe erproben wir den Knieaufschwung am Reck

3. FESTIGENDE UND AUSPRÄGENDE ÜBUNGSFORMEN

g) Knieaufschwung am niederen Holm des Stufenbarrens mit Übersteigen des hohen Holmes und nachfolgendem Niedersprung

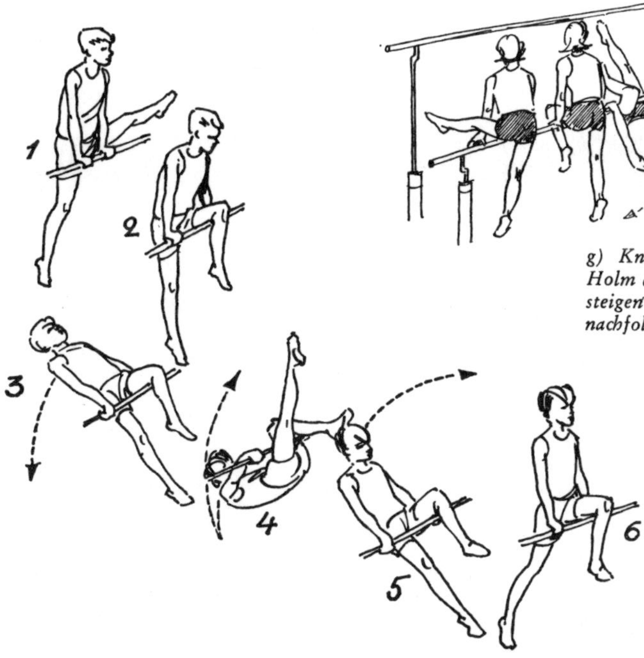

h) Wir springen in den Stütz am niedrigen Reck, spreizen links über (1) Die linke Hand greift nach links über (2) Ansatz zum Rückpendeln im Knieliegehang (3) Aufwärtsschwingen mit kräftigem Einsatz des Schwungbeines (4—6)

ÜBUNGSREIHE 2
Rolle vorwärts zum Hockstand

1. VORBEREITENDE ÜBUNGSFORMEN

a) Abrollen aus der Bauchlage

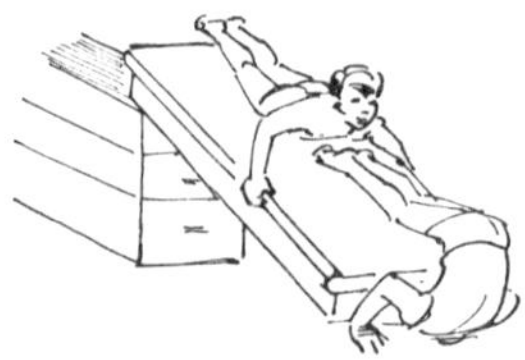

b) Abrutschen auf dem Bauch mit nachfolgendem Abrollen

c) Wer kann den Purzelbaum auf der schrägen Ebene?

d) Aus dem Huckepack auf dem Partner wollen wir das Abrollen erproben!

e) Wer kann an der Sprossenwand in den Handstand aufsteigen und abrollen?

f) Wir „rollen" vorwärts um die Reckstange und aus dem Schiebkarrenverfahren mit dem Partner

2. ZIELGERICHTETE ÜBUNGSFORMEN

g) Wer kann aus dem Kniestand auf dem Kasten (niedrigste Einstellung) nach vorwärts abrollen?

h) Erprobt die gleiche Bewegungsaufgabe unter den Bedingungen an der Schwebebank?

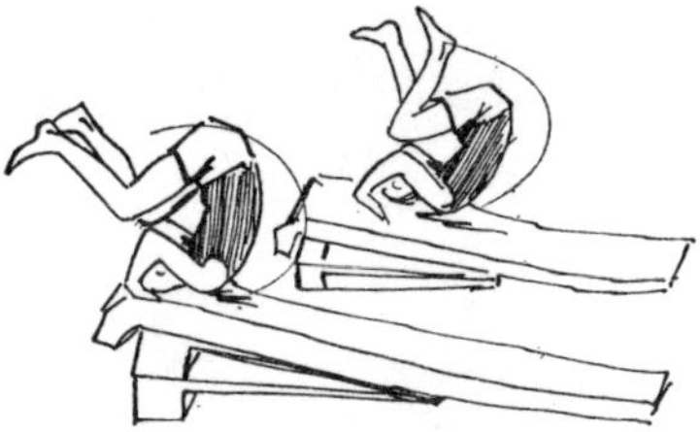

i) An der niedrigen schiefen Ebene (untergeschobenes Sprungbrett) versuchen wir die Rolle vorwärts ...

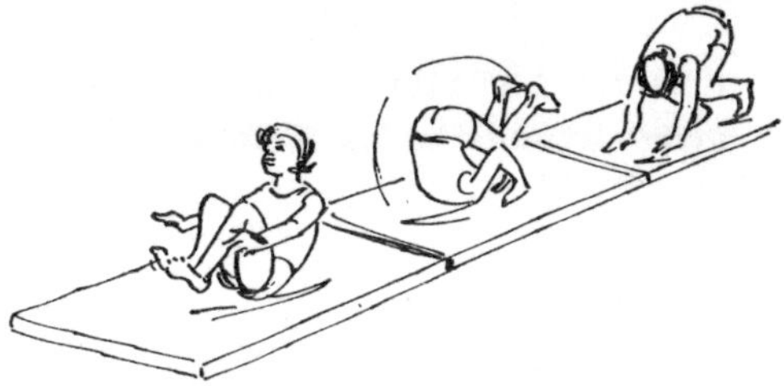

j) ... und erproben sie dann gleich auf der flachen Matte!

3. FESTIGENDE UND AUSPRÄGENDE ÜBUNGSFORMEN

k) Wer kann die Rolle auf der seitgelegten Matte?

l) Wir rollen vorwärts und gehen in einen Schlußsprung über

m) Üben der Rolle in der Partnerschaft

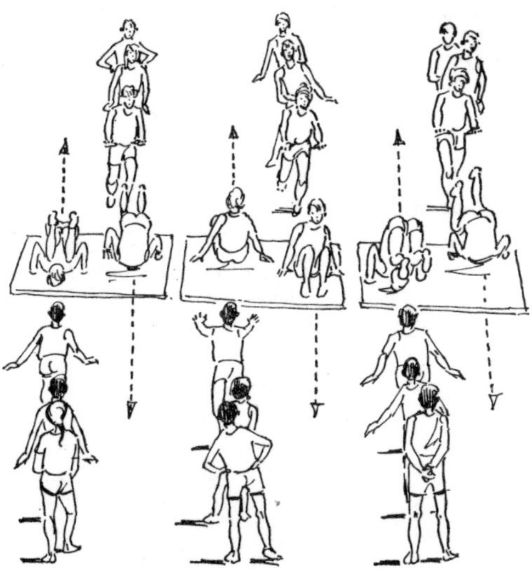

n) Wer kann auf dem kleinen (längsgestellten) Kasten die Rolle in den Hockstand?

o) Wir rollen auf dem langgestellten Kasten zum Hockstand und gehen in einen Strecksprung über (Kasten hüfthoch)

ÜBUNGSREIHE 3

Rolle rückwärts in den Hockstand

1. VORBEREITENDE ÜBUNGSFORMEN

a) Wiederum üben wir das „Wiegemesser"

b) Aus dem Sitz bei eingehängtem Kastendeckel purzeln wir rückwärts — der Partner sichert

c) Am niedrigen Reck „rollen" wir rückwärts um die Reckstange

d) Die gleiche Bewegungsaufgabe wie unter c), nun an der Sprossenwand und um den von zwei Schülern gehaltenen Gymnastikstab

2. ZIELGERICHTETE ÜBUNGSFORMEN

e) Wer kann aus dem mehrmaligen „Wiegemesser" rückwärts bis zum Hockstand rollen?

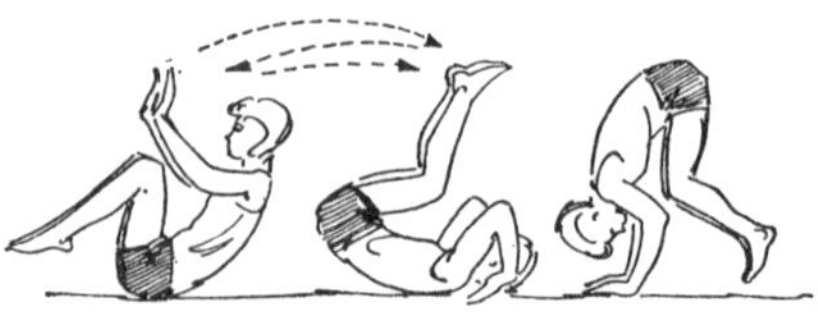

f) Rollt vorwärts — bleibt in der Hocke und rollt rückwärts — rollt wieder vorwärts

g) Rolle rückwärts aus dem Hockstand auf der schiefen Ebene

h) Aus dem Hockstand vorwärts und in den Hockstand rückwärts mit Partnerhilfe

3. FESTIGENDE UND AUSPRÄGENDE ÜBUNGSFORMEN

i) Rolle rückwärts aus dem „Wiegemesser“ — hochfedern — und noch einmal Rolle rückwärts

j) Rolle rückwärts — Rolle vorwärts — hochfedern mit halber Drehung

k) Rolle vorwärts — hochfedern mit halber Drehung — Rolle rückwärts

l) Wir üben die gleiche Aufgabe — die halbe Drehung links wird jedoch mit einem leichten Sprung verbunden — danach wieder Rolle rückwärts

m) Abrollen rückwärts am hohen Kasten

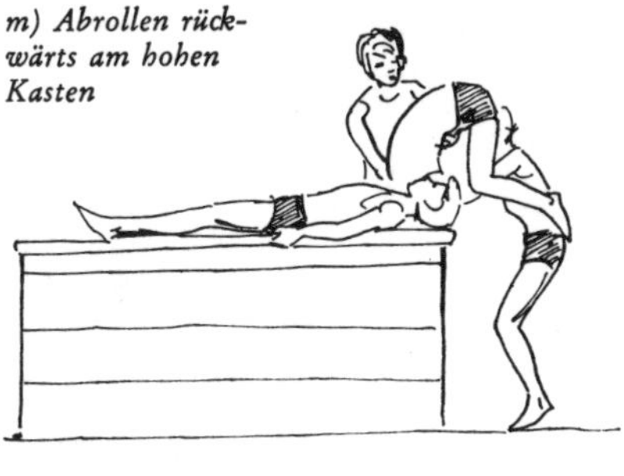

n) Rolle vorwärts zum Hockstand am Ende des hohen Kastens — abrollen rückwärts

ÜBUNGSREIHE 4

Überschlag seitwärts („Rad")

1. VORBEREITENDE ÜBUNGSFORMEN

a) „Überradeln" der Schwebebänke

c) Wer kann den hüfthohen Kasten überradeln?

b) Die gleiche Bewegungsaufgabe, nun jedoch aus einem betonten Abdruck des „Sprungbeines"

d) Wollen wir aus dem „Überradeln" ein „Rad" werden lassen, dann müssen wir in der Folge den Handstand gründlich üben — als Partnerübung, an die Wand und in der Dreiergruppe

2. ZIELGERICHTETE ÜBUNGSFORMEN

e) „Überradeln" der Schwebebank bei aufgelegtem Medizinball

f) Das „Rad" an seitgelegten Matten und mit Griff über eine niedrig gespannte Zauberschnur

g) Das „Rad" in Verbindung mit einer rhythmischen Anlauffolge

3. FESTIGENDE UND AUSPRÄGENDE ÜBUNGSFORMEN

h) „Rad" aus rhythmischem Anlauf unter Benutzung des Kastendeckels

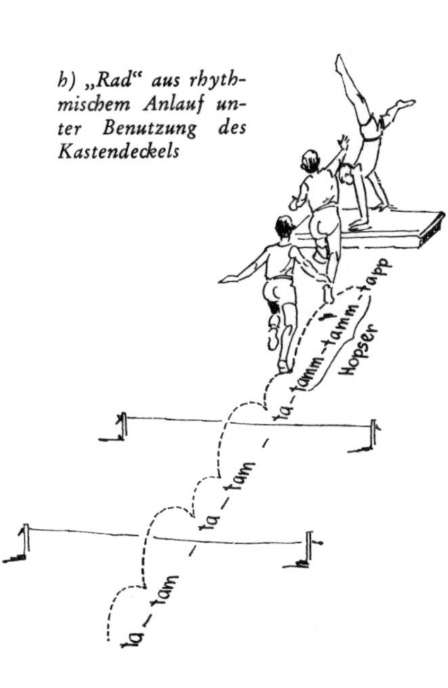

i) „Rad" als Partnerübung über die Zauberschnur oder über die Kinderhürde

j) Wer erprobt einmal das „Rad" über einen seitgelegten Kastendeckel und stützt dabei mit einer Hand auf dem Deckel, mit der anderen hinter dem Deckel?

ÜBUNGSREIHE 5

Felgaufschwung am Reck und Stufenbarren

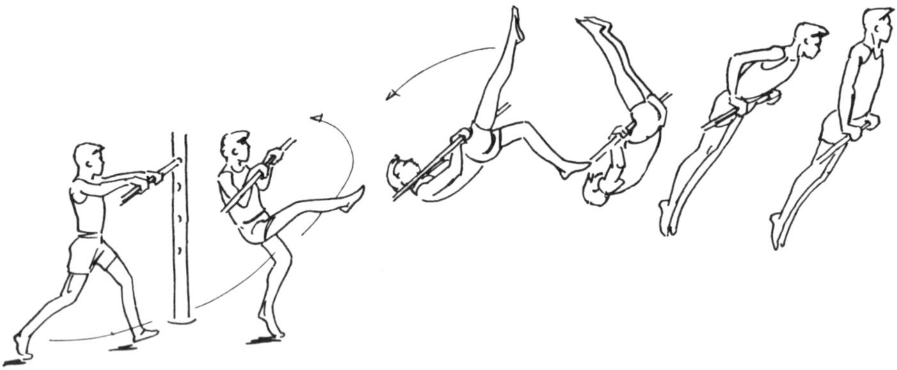

1. VORBEREITENDE ÜBUNGSFORMEN

a) Lauft an der Sprossenwand hoch und schwingt auf zum Stütz!

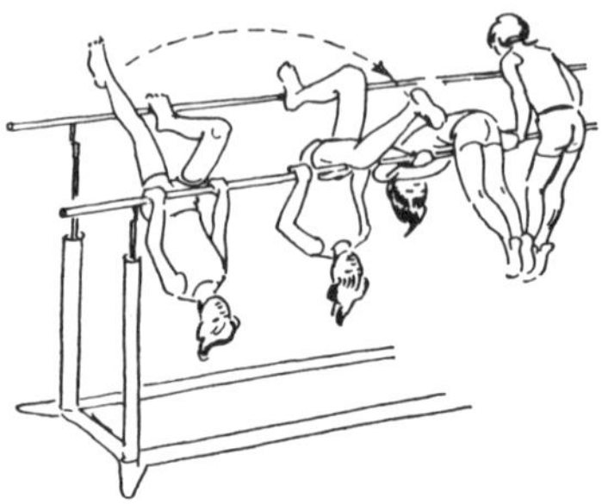

b) Wer kann am niederen Holm des Stufenbarrens in den Stütz schwingen, wenn er sich am höheren Holm abdrückt?

c) Aufschwingen zum Stütz an der Reckstange mit Partnerhilfe (Aufstellen des Nachführbeines auf einen Gymnastikstab (Schwungbein kann auch über den Stab gelegt werden).

2. ZIELGERICHTETE ÜBUNGSFORMEN

f) Dasselbe am Stufenbarren bei aufgelegter Schwebebank

d) Aufschwingen an der Reckstange nach einem Lauf über die schiefe Ebene (eingehängter Kastendeckel)

e) Wer kann aus dem lockeren Anlauf den Felgaufschwung am Reck?

3. FESTIGENDE UND AUSPRÄGENDE ÜBUNGSFORMEN

g) Wir schwingen auf die Reckstange — schwingen ab und verlassen das Gerät mit einer Rolle vorwärts

h) Wir erproben das Aufschwingen am hohen Holm des Stufenbarrens — Holmabstand etwa 40 cm

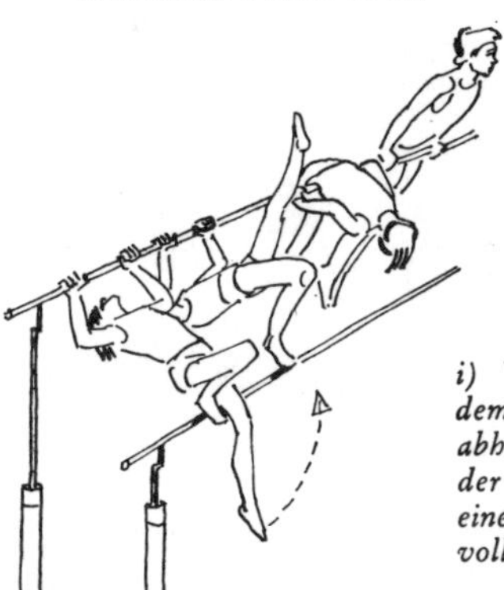

i) Wer kann nach dem Felgaufschwung abhurten und unter der Stange hinweg eine Rolle vorwärts vollziehen?

ÜBUNGSREIHE 6
Grätsche über den Bock

1. VORBEREITENDE ÜBUNGSFORMEN

a) Grätschhüpfen an den Schwebebänken

b) Wir erschweren die Aufgabe, wenn wir einen Medizinball auflegen

c) Grätschhüpfen über kleine Kästen

d) Wir versuchen im besten Bewegungsfluß aufzuhocken und ohne Unterbrechung abzugrätschen

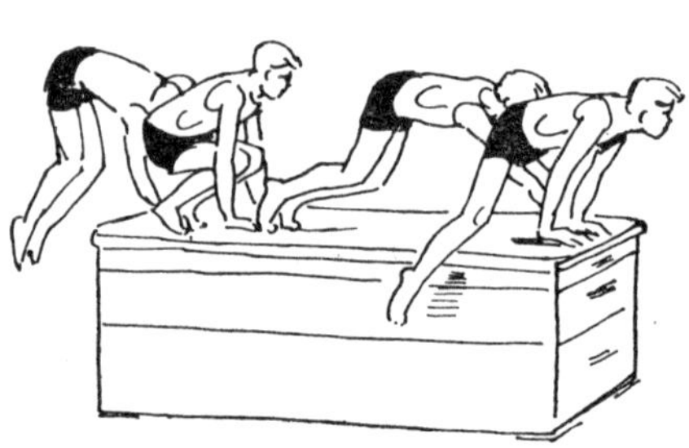

2. ZIELGERICHTETE ÜBUNGSFORMEN

e) An der kleinen Kastentreppe: Aufsprung auf den niederen Kasten und Grätsche über den höheren

f) Erprobt das Aufhocken auf den niederen und geht sofort zur Grätsche über

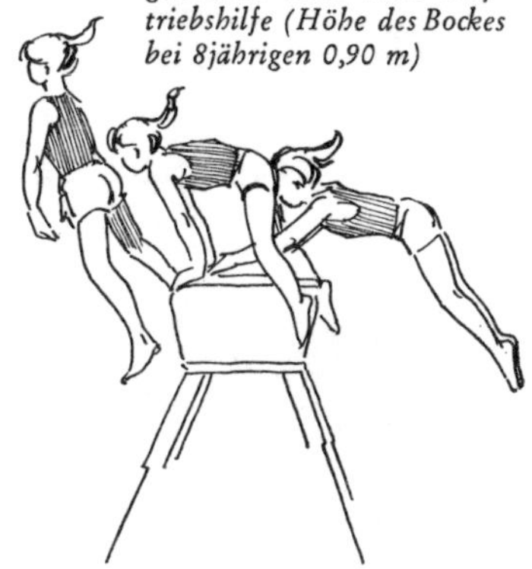

g) Grätsche über den längsgestellten Bock ohne Auftriebshilfe (Höhe des Bockes bei 8jährigen 0,90 m)

h) Grätsche über den hohen Bock unter Benutzung des Reuther-Brettes

3. FESTIGENDE UND AUSPRÄGENDE ÜBUNGSFORMEN

i) Grätsche in der mehrfachen Folge (Festigung des Bewegungsrhythmus)

j) Grätsche-Grätsche — hier unter Benutzung eines zwischengestellten Kastens (Erhöhung der Bewegungsgenauigkeit)

k) Üben der Grätsche in der Kreisbahn (Nutzung der Bewegungsfertigkeit zur Entwicklung der motorischen Eigenschaften)

ÜBUNGSREIHE 7

Hockwende über den seitgestellten Kasten

1. VORBEREITENDE ÜBUNGSFORMEN

a) Wir üben die Hockwende in der fließenden Folge an der Schwebebank

b) Die gleiche Aufgabe lösen wir am hüfthohen Kasten

c) Bei aufgelegten Schwebebänken kann jeder nach seinem Leistungsvermögen üben!

2. ZIELGERICHTETE ÜBUNGSFORMEN

d) Hockwende über kleinen Kasten bei aufgelegtem Medizinball

e) Hockwenden am niedrigen Reck

f) Die gleiche Aufgabe — nun jedoch unter schwierigeren Übungsbedingungen

g) Hockwende über den höheren Kasten bei vorgestelltem kleinen Kasten

h) Hockwende mit Reuther-Brett

3. FESTIGENDE UND AUSPRÄGENDE ÜBUNGSFORMEN

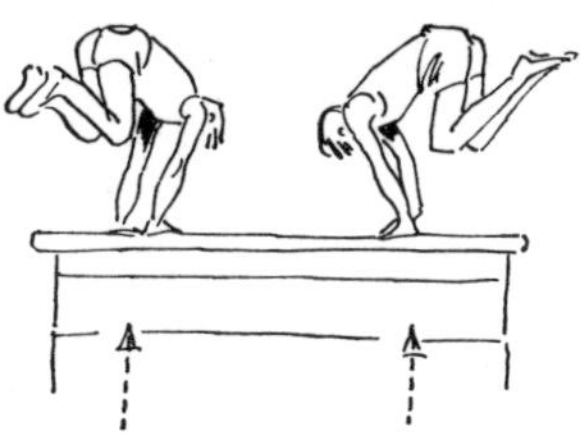

i und j) Hockwenden als Partnerübung am hüfthohen seitgestellten Kasten

k) Hockwende in der rhythmischen Bewegungsfolge am Reck

l) Hockwende über den höheren Holm des Stufenbarrens

ZUM EINÜBEN UND GESTALTEN DER ERLERNTEN TURNERISCHEN BEWEGUNGSFERTIGKEITEN (Bildtafel 13)

Selbstverständlich wird bereits beim *Erlernen* einer turnerischen Bewegungsfertigkeit *geübt.* Auch das noch innerhalb der methodischen Übungsreihe erfolgende *Festigen* und *Ausprägen* der noch labilen Grobform ist *Üben!* Dieses Üben *allein* reicht jedoch nicht aus, um eine für die weitere Ausbildung notwendige *Dauerhaftigkeit* und motorische *Sicherung* der erlernten Bewegungsfertigkeiten zu gewährleisten, die auch für ein *Gestalten* von Übungsverbindungen selbst bei den 8jährigen unumgänglich sind. Die in diesem Abschnitt dargestellten Beispiele wollen daher nicht nur die organisatorische Form eines Übens unter bestimmten Aspekten veranschaulichen, sie wollen vielmehr und schlicht das *EINÜBEN* demonstrieren!

Wir üben im „Strom"

Unter dieser *methodisch-organisatorischen* Form des Übens wollen wir ein rationelles Nacheinander an gleichen oder unterschiedlichen Geräten (mit und ohne Zusatzaufgaben) verstanden wissen.

Übungsbeispiele für die 7/8jährigen Schüler:

Drei kleine Sprungkästen sind nach *Abb. 64* aufgestellt, Ablauflinien sind gezogen, Umlaufmale regeln den Übungsweg.

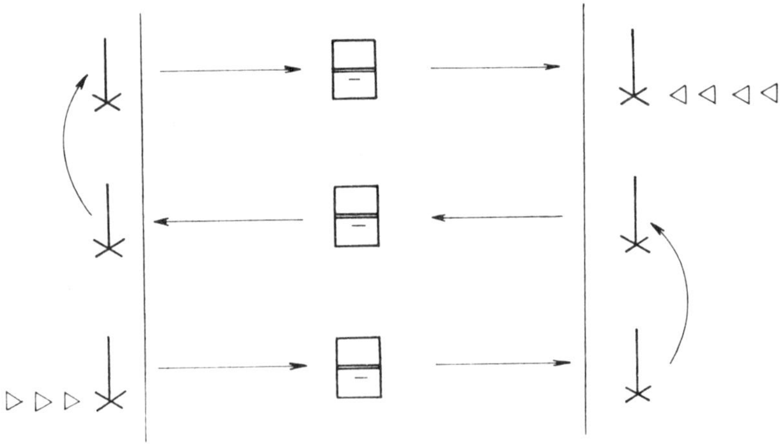

Abb. 64

a) Laufen und *Grätsche* mit Stütz auf den Kasten
b) Laufen und *Hockwende* über oder um den kleinen Kasten
c) Wer kann die Grätsche über den kleinen Kasten, wenn er nur mit einer Hand stützt?
d) Wir üben die Hockwende im Wechsel nach verschiedenen Seiten

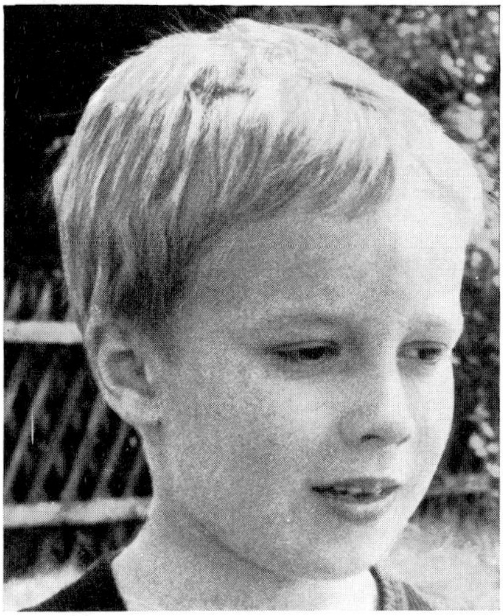

6; 5

Zwischen den noch leicht verträumten 6jährigen und den schon sehr kritisch eingestellten und nicht selten abwägenden 11jährigen — insbesondere bezogen auf das Lösen von Bewegungsaufgaben — liegt die Altersstufe der 8;6—9;6jährigen, bei denen das Wagen nicht selten über dem Vermögen liegt. Diese kurze Spanne ist durch eine sich abhebende „motorische Mobilität" gekennzeichnet; die die Jungen stärker als die Mädchen erfaßt. Busemann setzt nicht zu Unrecht um diese Zeit eine kurze Erregungs- und emotionale Phase an.

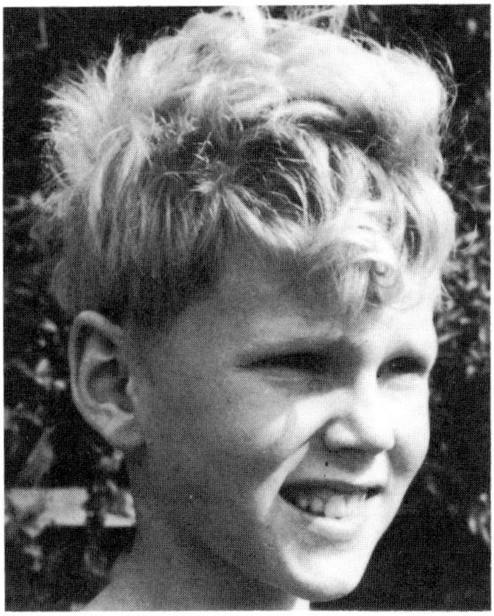

9; 2

9; 4

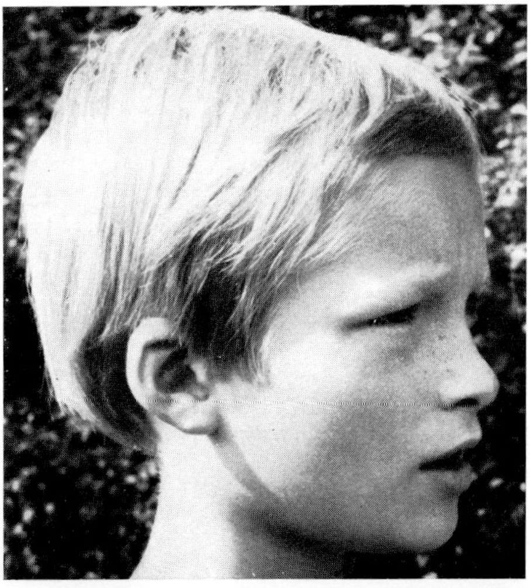

11; 1

BILDTAFEL 18

Kindgemäßes Entwickeln motorischer Eigenschaften mit Hilfe gegenständlicher Übungsaufgaben unter Berücksichtigung der geschlechtsspezifischen Leistungsdisposition an verschiedensten Geräten.

„Entengang“ mit Rollen eines Medizinballes.

Sprungläufe an der Bahn aus kleinen Kästen.

Grätschhüpfen in der fließenden Bewegungsfolge.

Laufen auf der Schwebebank mit Durchspringen eines Reifens.

Schlußsprünge von Kasten zu Kasten.

Bewegungsstudien zur Gestaltung von Sprüngen durch gleichaltrige Schüler im 4. Schuljahr (♂ = 10;6 — ♀ = 10;4).

Voller Krafteinsatz beim Jungen ...

... und auch beim Mädchen;

doch deutlich „härtere" Bewegungsführung beim Jungen ...

... weichere und elegantere beim Mädchen.

BILDTAFEL 20

Zum Üben und Ausprägen von Grundtätigkeiten mit 10/11jährigen.

Der hohe Kasten ist für den rechten Jungen in der 4. Klasse kein Hindernis, vor dem er „paßt".

Der Junge „nimmt" die höchste Stufe des Stegels — das Mädchen überklettert das Hindernis.

Kombinierte Aufgaben werden besonders gern angenommen: auf der Schwebebank hinauf und die Sprossenwand hinunter.

Die Mädchen verlangt es nun schon nach besonderen Aufgaben!

Gewandtheit und Kraft durch Kletterübungen!

Zum Üben und Ausprägen von Grundtätigkeiten mit 10/11jährigen Schülern. Das Laufen und Springen über Geräte nimmt einen breiteren Raum ein.

Schrittsprung über den Kasten hinweg.

Absprungrhythmen in längsgelegten Kastenteilen.

Lauf- und Sprungrhythmen über seitgelegte Kastenteile.

Laufen und Springen an der Kastenbahn.

BILDTAFEL 22

Zum Erlernen und Üben altersgemäßer Grundformen turnerischer Bewegungsfertigkeiten im 4. Schuljahr (10/11jährige).

Aus den Bewegungsfamilien der Stützsprünge, Schwünge und Rollen.

Die Hockwende als Aufgabe in der Dreiergruppe.

Mit den Pauschen auf dem Pferd und bei Benutzung des Trampolins gelingt die Grätsche besonders gut.

Der Felgaufschwung am hohen Holm des Stufenbarrens ist für die 10jährigen kein Problem!

Flugrolle durch den Reifen.

Gemeinsame und doch individuelle Gestaltung beherrschter Bewegungsformen bei 10jährigen Schülern im 4. Schuljahr.

Das „gemeinsame Rad" über Kinderhürden.

Gemeinsam auch bei der Luftrolle.

Beim Hocksprung ... locker, gelöst und gekonnt!

Laufen und Springen mit dem Partner.

BILDTAFEL 24

Bei den 11jährigen sind alle Voraussetzungen zu einem entwicklungsgemäßen Gestalten erlernter turnerischer Bewegungsfertigkeiten gegeben.

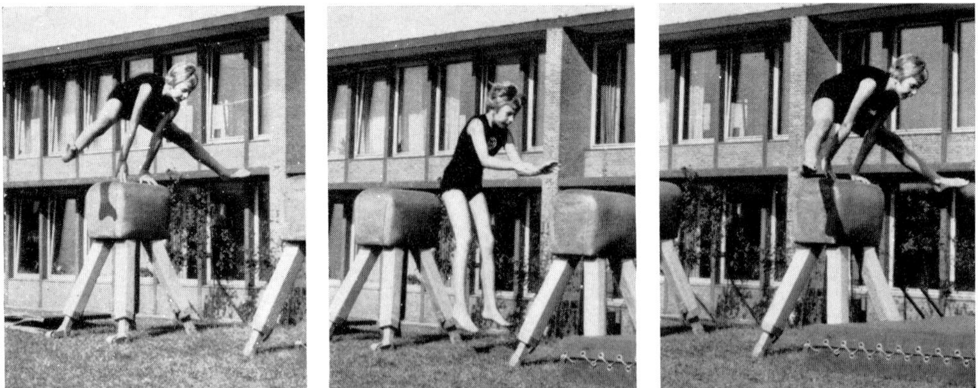

e) Hockwende und Grätsche in laufendem Wechsel
f) Wer kann die Hockwende mit weiterer Vierteldrehung, wer kann eine ganze Drehung vollziehen?
g) Hockt auf und versucht einen hohen Schlußsprung anzufügen!
h) Wer kann aufhocken und auch herunterhocken?

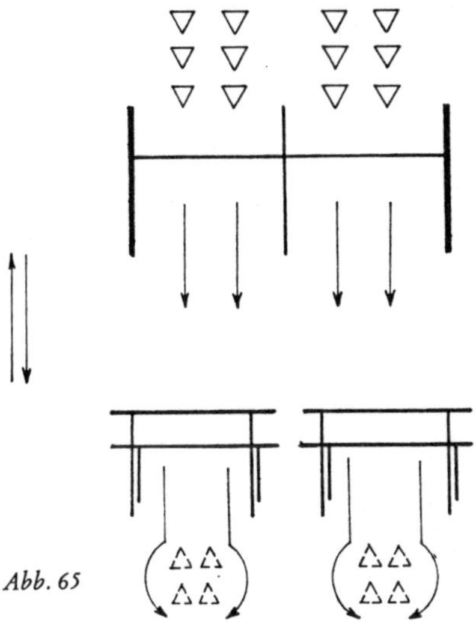

Abb. 65

Reck und niedriger Stufenbarren sind zu je zwei Geräten hintereinander aufgestellt. Abstand zwischen den Geräten (in Übungsrichtung) ca. 5 bis 6 m. Wir beginnen in vier Gruppen am Reck und üben in der Hin- und Rückbewegung *(Abb. 65)*.

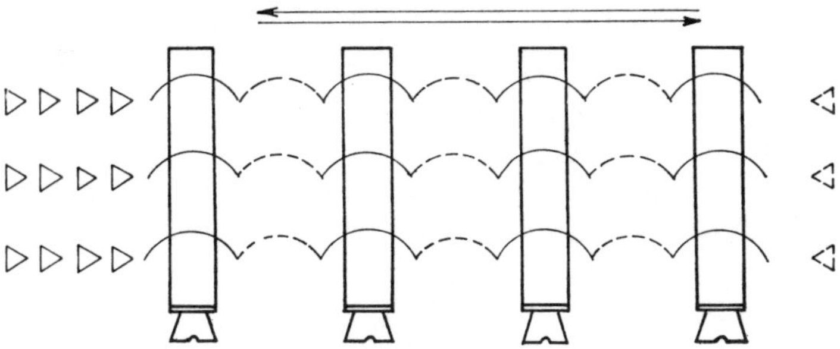

Abb. 66

a) Knieaufschwung am Reck — zurückspreizen — abhurten und unter der Reckstange hinweg weiterlaufen zum Stufenbarren: die gleiche Aufgabe am niederen Holm lösen — unter dem Holm durchlaufen und auf der anderen Seite antreten.

b) In dieser Übungsrichtung können die 8jährigen den Felgaufschwung mit Abdrücken vom niederen Holm erproben und danach den Felgaufschwung am Reck.

Wir üben in der „rhythmischen Reihe"

In bescheidenem Rahmen und in den ersten Anfängen ist auch diese Form des Übens möglich, wenn geeignete Aufgaben gestellt und entsprechende Übungssituationen geschaffen werden. Wir bevorzugen in dieser Altersstufe strukturell gleichartige Bewegungsformen.

Beispiele für die 7/8jährigen:

a) ... hockt... federt ... hockt usw. (Hockwende in der rhythmischen Reihe). *(Abb. 66.)*

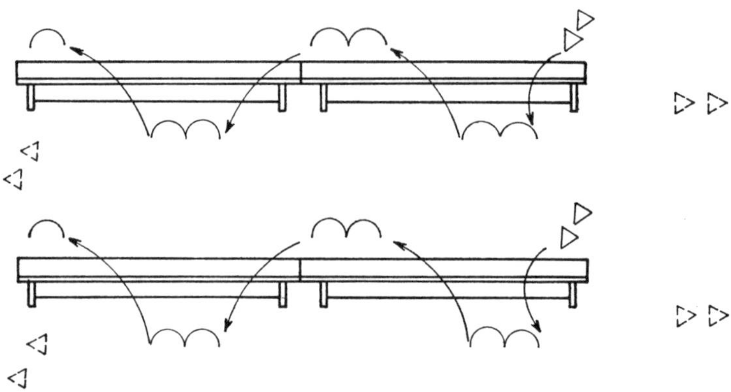

Abb. 67

b) Die gleiche Aufgabe unter anderen Bedingungen *(Abb. 67)*.

Abb. 68

c) Grätsche — 1 — 2 — 3 — Grätsche usw.

Grätsche — 1 — 2 — 3 — Hockwende...

d) Hockwende — 1 — 2 — 3 Grätsche *(Abb. 69).*

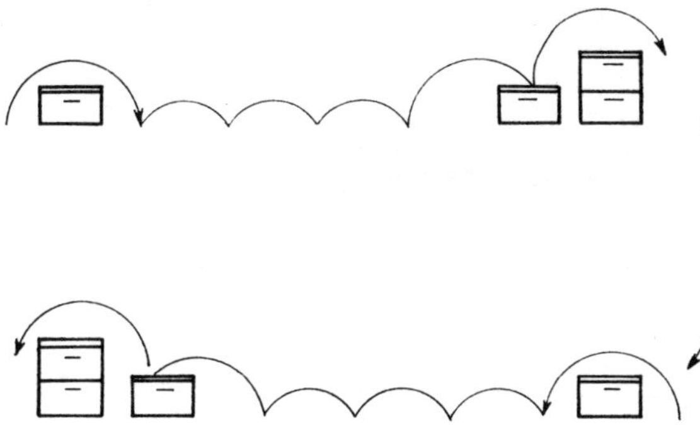

Abb. 69

e) ... Rolle — hüpfen-hüpfen-hüpfen — Rolle ...
Wir üben an geöffneten Mattenbahnen *(Abb. 70).*

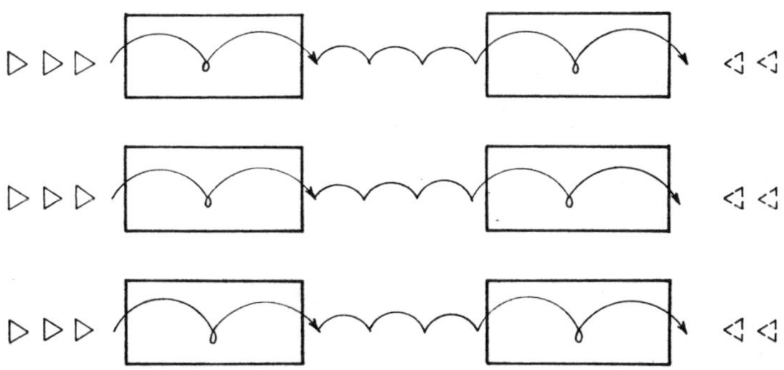

Abb. 70

Wir üben und erproben Verbindungen von Bewegungsfertigkeiten mit strukturell verschiedenartigen Formen

An das Verbinden von strukturell unterschiedlichen Formen denken wir erst dann, wenn die Einzelfertigkeiten einen relativ hohen Sicherheitsgrad erreicht haben. Damit ist nicht gesagt, daß diese Form des Übens ganz am Ende zu stehen hat. Mit Hilfe dieses Übens erhöhen wir in wirksamer Weise die Koordinationsfähigkeit.

Im 3. Schuljahr dürften wir uns ohne Bedenken an folgende Beispiele heranwagen:

a) Wir üben in fließender Folge Hockwenden über die langgestellten Schwebebänke — hocken am Ende auf und rollen aus dem Hockstand ab *(Abb. 71).*

b) Dasselbe auch aus dem Grätschhüpfen mit Stütz auf der Bank und aus dem Hocken auf der Schwebebank.

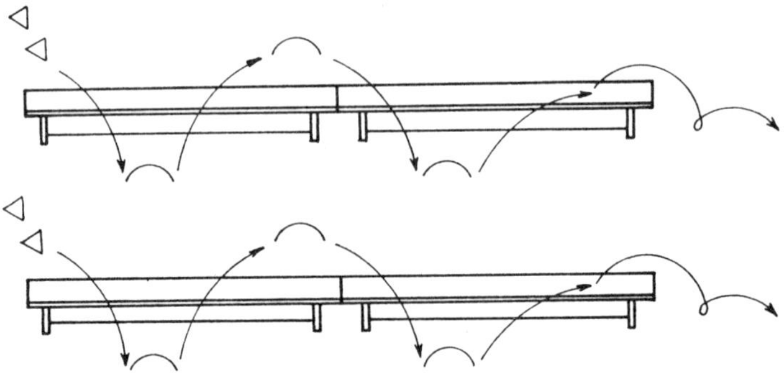

Abb. 71

In der vierten oder fünften Sprosse hängen wir zwei Schwebebänke ein *(Abb. 72)*.

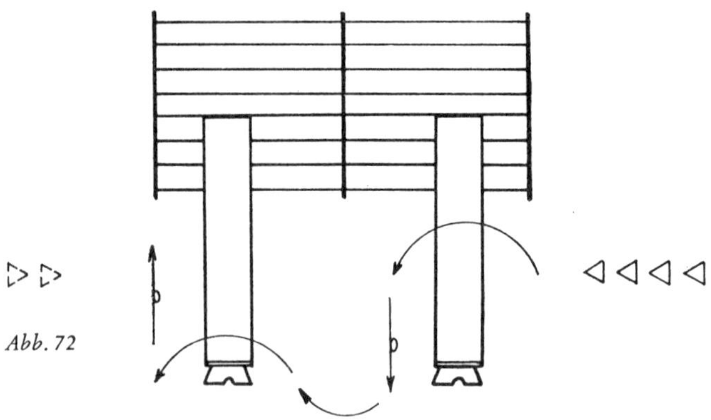

Abb. 72

Übungsaufgabe:

Hockwende rechts — aus der federnden Landung sofort eine Rolle vorwärts anfügen — Bogenlauf — Hockwende links — Rolle vorwärts.

Je nach Leistungsvermögen führen die Schüler den Stütz zur Hockwende weiter oben oder unten auf der Bank aus. Die Bank kann auch in höheren Sprossen eingehängt werden. Aus dem Anlauf wird bei der ersten Matte das „Rad" ausgeführt, weiterlaufen und Rolle vorwärts auf der zweiten Matte *(Abb. 73)*.

Zwei oder auch mehrere Matten sind ausgelegt *(Abb. 74)*.

Rolle vorwärts in den Hockstand — aus dem Hockstand die Rolle rückwärts — hochfedern und „überradeln" der Matte.

Niedrige Stufenbarren sind in einem Abstand von etwa 6 m aufgestellt *(Abb. 75)*.

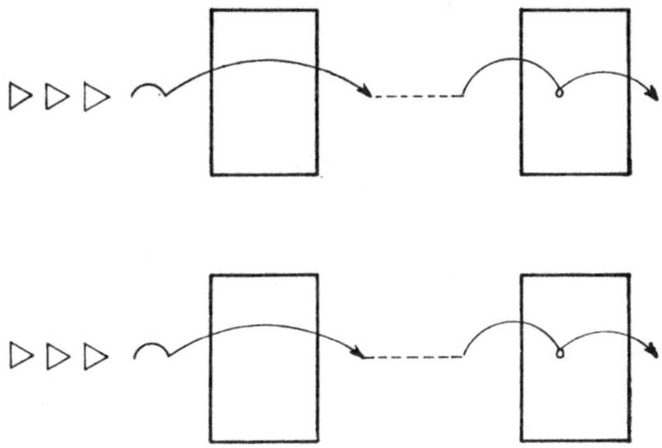

Abb. 73

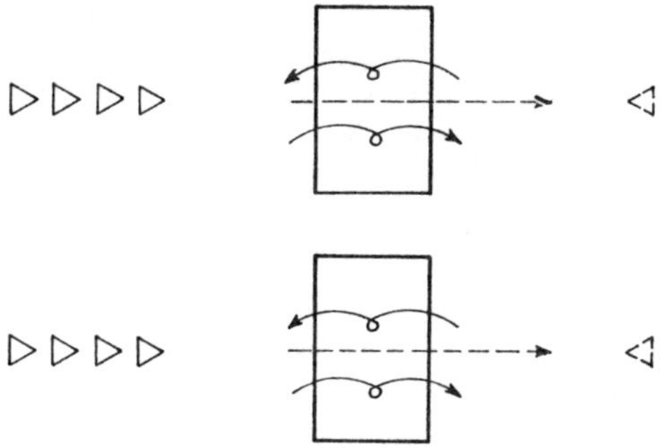

Abb. 74

Abb. 75

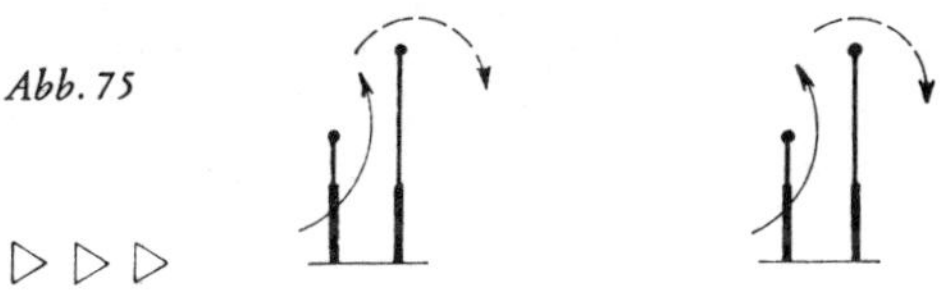

Felgaufschwung am niederen Holm des Stufenbarrens mit Abdrücken vom höheren Holm — aufsteigen auf den niederen Holm — Hockwende — weiterlaufen und die gleiche Aufgabe noch einmal!

III. Die Altersstufe der 9- bis 11jährigen

Die psychophysische und sensomotorische Leistungsbreite

Die Schüler dieser Altersstufe finden wir in der überwiegenden Zahl im 3. und 4. Schuljahr, ein Teil ist noch in der ersten Hälfte des 5. Schuljahres 11jährig. Wir sehen daran, daß das sensomotorische Leistungsfeld, um dessen Absteckung wir uns bemühen, über die Grundschulzeit hinausreicht. Im somatischen Bereich strebt die Entwicklung dem *Vollkind* zu, das uns nicht selten mit einem geradezu vollendeten Ausgleich der Körperproportionen vor Augen steht. (Siehe hierzu die *Bildtafeln 14 und 15*). Bei günstigen Hebelverhältnissen verzeichnen die Mediziner fast einhellig eine Zunahme der Muskelsubstanz und Erhöhung der Widerständigkeit des Knochengerüstes. Innere Organe und Kreislaufsystem weisen eine hohe Anpassungsfähigkeit auf. Die *Gesamtgestalt* wird markanter und erhält ein schärferes Profil, das sich auch „in dem scharf umrissenen Gesicht, das mit der Weichheit und Verträumtheit des kleinkindlichen Gesichtsausdruckes“ (REMPLEIN) und mit dem Tiefenrelief des Schulanfängers nichts mehr gemein hat, zeigt. (Vergleiche hierzu die *Bildtafeln 16 und 17.)* MÖCKELMANN spricht von einer „Festigung der kindlichen Strukturen“; nach SPRANGER ist ein „Gleichgewichtszustand der Kräfte“ erreicht, „soweit es sich um die Bewältigung der bisherigen Lebenssphäre handelt“.

Damit wird auch die veränderte und ausgeglichene *psychische Grundhaltung* mit in das Erscheinungsbild einbezogen, die jedoch in ihrer alterstypischen Ausgliederung nach jüngeren Untersuchungen (THOMAE u. a.) nicht immer mit den somatischen Vorgängen zu korrelieren braucht. Das 10jährige Kind ist jedoch spürbar *abstraktionsfähiger* geworden und hat auch im motorischen Umfeld die naiv-gläubige und unkritische Einstellung abgestreift: es *verlangt* nicht nur nach konkreten Aufgaben, es versucht auch engere Beziehung zu den Leibesübungen zu gewinnen! Es *will leisten* — wobei es in „naivem Optimismus“ das eigene Leistungsvermögen nicht selten überschätzt. Das Kind dieser Altersstufe will eine möglichst genaue Einschätzung des Bewegungkönnens durch den Lehrer, ist jedoch auch sehr *selbstkritisch* zum eigenen Bewegungsvollzug. Wie oft kommen doch in diesem Alter die Schüler zum Lehrer mit der Bitte, die Bewegungs- oder Übungsaufgabe noch einmal lösen zu dürfen, weil sie mit der eigenen Leistung nicht zufrieden waren. Daß das schlußfolgernde Denken nach REMPLEIN und PIAGET keine großen Fortschritte gemacht hat, kann man in der Leibeserziehung immer wieder an der Art der Eigendeutungen von motorischen Fehlleistungen erleben. Die Kinder verfügen über eine Handvoll von „Erklärungsschematismen“ (KROH), die sie je nach Bedarf anführen. Die sich mehr und mehr ausweitende Überprüfung der eigenen Wirkung auf das mitmenschliche Umfeld, führt zu dem von fast allen Psychologen erwähnten *Geltungsstreben,* das besonders den Leibeserzieher vor besondere Aufgaben in bezug auf „dosiertes“ Lenken und Dämpfen stellt. Wir denken dabei an das manchmal rücksichtslose Nach-vorndrängen der bewegungsbegabten Schüler, die sich immer wieder anerkannt sehen wollen, oder an die egoistisch-eigensinnigen „Spielmacher“ bei den altersgemäßen Mannschaftsspielen.

Wie wir bereits im Abschnitt der 7/8jährigen andeuteten, erreicht die menschliche Motorik in der Altersstufe der 9/11jährigen einen ersten Höhepunkt. Der durchweg progressive Charakter des Entwicklungsweges der Motorik war bis hierher durch Latenz- und Manifestationszeiten gekennzeichnet. Diese Entwicklungslinie der menschlichen Motorik wurde bereits in den 20er Jahren durch HOMBURGER aufgezeichnet. Leider sind die Auswirkungen des Phänomens der Akzeleration in Hinblick auf die veränderte Lage der Kulminationspunkte in unserer heutigen Schulwirklichkeit noch wenig untersucht. Neue Teilergebnisse danken wir DÖBLER, ESPENSCHADE, GUTTERIDGE, HAWKES, HÜNNEKENS, KIPHARD, TEICHERT, MEINEL, WINTER u. a.; in speziellem Bezug auf das motorische Lernen BURGE und OSBORN, UNGERER.

Das 9/10jährige Kind „hat die Fähigkeit, genaue Zielhandlungen mit peripherer Steuerung“ (UNGERER) durchzuführen. Diese Fähigkeit der Aneignung zum Teil komplizierter techno-motorischer Bewegungsabläufe ohne große Reflexion läßt MEINEL von einem „Lernen auf Anhieb“ sprechen, wobei dieses Lernen noch „stark bildgebunden“ ist und sich weitgehend „am sichtbaren Vollzug“ orientiert. Wir können diese Erfahrung MEINELS und UNGERERS auf Grund unserer motorischen Tests innerhalb der Lernversuche nur stützen, ohne jedoch hieraus eine Dominanz des Vormachens durch den Lehrer ableiten zu wollen. Letzteres schließt wiederum nicht aus (und ist in bestimmten Lernsituationen sogar notwendig!), daß der Lehrer in der Lage sein muß, entscheidende Hauptphasen techno-motorischer Bewegungen auch *vorzeigen* zu können. Dieses „Lernen auf Anhieb“ ist auch noch davon abhängig, *wie* in den voraufgegangenen Jahren Leibesübungen betrieben wurden, zumal die Plastizität der Großhirnrinde weitgehend dazu beiträgt, aus *früher* erworbenen Bewegungen *neue* aufzubauen.

Erstmalig warnt UNGERER vor einem uneingeschränkten Gebrauch des Begriffes „günstigstes Lernalter“, weil seine experimentellen Untersuchungen ergaben, daß das Kind dieser Altersstufe außerstande ist, „Bewegungsfolgen mit schnellem dynamischen Wechsel“ zu realisieren. Zustimmend kann die Einschränkung noch schärfer fixiert werden: „Lernen auf Anhieb“ entsteht nur dann, wenn die geforderte Bewegungsfertigkeit *im* sensomotorischen Leistungsfeld liegt und das im systematischen Üben ausgegliederte motorische Profil der Altersstufe nicht übersteigt. So liegen nach unseren Untersuchungen und Lernversuchen eine ganze Reihe von turnerischen und sportlichen Bewegungsformen — wie sie in manchen Beiträgen und Stundenbeispielen recht sorglos angeboten werden — deutlich außerhalb des sensomotorischen Leistungsfeldes des Normalkindes bei planmäßigem Unterricht in allen Schuljahren (Salto rückwärts, Überschlag rückwärts, leichtathletische Sprungformen ohne „Geländehilfe“ u. a.).

Wenn wir diese Einschränkung in unserer Lehrhilfe anführen, dann wollen wir damit lediglich vor überspannten Forderungen bewahren, nicht jedoch den Lehrer von einer *optimalen Nutzung der außerordentlichen motorischen Voraussetzungen* entbinden, die DIEM den Begriff „Geschicklichkeitsalter“ und MEINEL „Lernalter“ formulieren ließen. Die Motorik erreicht eine Funktionsreife, die diese Typisierungen auch bei den genannten Einschränkungen rechtfertigt. „Bewegungsbeherrschung einerseits, Kraftfülle andererseits geben der Motorik der 10/12jährigen, zumal der Jungen, ein eigentümliches Gepräge: eine Mischung von Grazie der Bewegung, die zu der Anmut der leiblichen Erscheinung paßt, und von Beherrschtheit, die von der willensmäßigen Steuerung der Bewegungsimpulse herrührt“ (REMPLEIN). Die Motorik trägt Züge der „Zielstrebigkeit, Sparsamkeit, Ökonomisiertheit, Geordnetheit und Gebundenheit“ (KROH). *Bewegungskoordination* und *Bewegungsantizipation* heben sich in ihrer Funktionsweite deutlich von den voraufgegangenen Jahren ab, „die meisten Schüler sind fähig, auch differenzierte akustische Rhythmen und einfache rhythmische Verbindungen ganzkörperlich richtig wiederzugeben (TEICHERT). Wohl in keiner der nachfolgenden Altersstufen zeigt sich deutlicher, daß besonders im motorischen Bereich Entwicklung ein fortschreitender Prozeß der Differenzierung ist.

Schon in der Mitte dieser Altersstufe deutet sich jedoch in Auswirkung der Akzeleration die Phase an, die in Auflösung und Umbruch sicher noch tiefgreifender wirkt und auch zu individuell mehr oder weniger starken temporären motorischen Störungen führt: die Pubertät *(Bildtafel 14)*. So erreicht das Mädchen das Ende der Stufe der Vollkindheit deutlich früher als der Junge und wird kaum wieder über solche Voraussetzungen zum motorischen Lernen verfügen können, wie sie in der Vollkindheit offenbar waren. Die Konsequenzen für eine planvolle Leibeserziehung liegen auf der Hand: *volle Ausschöpfung* der gebotenen Möglichkeiten im „Lernalter“! Wenn wir insbesondere bei den Mädchen in dieser Altersstufe versäumen, den *Grundkanon* turnerischer Bewegungsfertigkeiten erwerben zu lassen (wie er sich in den einfachen Formen der Rollbewegungen, den Auf- und Umschwüngen, Unterschwüngen und Kippbewegungen manifestiert hat), dann dürfen wir uns in den folgenden Jahren über eine abneigende Haltung in bezug auf das Gerätturnen nicht wundern.

Wir müssen allerdings nun schon mehr als bisher die geschlechtsspezifischen Bewegungsinteressen in das Spielen und Üben an den Geräten einbeziehen. (Siehe *Bildtafel 18.)* Diese geschlechtsspezifischen Bewegungsinteressen äußern sich nicht nur in der Zuwendung zu anderen Bewegungsmöglichkeiten an bestimmten Geräten (Schwebebänke, Schwebebalken, Stufenbarren, Ringe), sondern finden ihr auffälligstes Bild im *ausdrucksmotorischen Gestalten.* Wir können das immer wieder bei einfachen und gegliederten Bewegungsvollzügen feststellen (vergleiche hierzu die *Bildtafel 19).*

Ein *Beispiel:*

Das Mädchen will nicht nur beim Seithandstandüberschlag („Rad“) wieder sicher auf die Beine kommen — was dem Jungen gleichen Alters im Normfall vollauf genügt — es will dieses „Rad“ auch nach den individuellen Möglichkeiten *gestalten.* Es befragt den Beobachter nach der *Gestalt* des „Rades“ — der Junge will wissen, ob die Übung *gelungen* ist. Die in diesem Alter beim Mädchen vollzogene stärkere Ausgliederung des motorischen Profiles mit entsprechend geschlechtsspezifischem Einschlag, findet auch nachweisbaren Niederschlag in Ergebnissen der Gerätewettkämpfe im Komplex der Bundesjugendspiele. Eine Auswertung von über 400 Wettkampfkarten 11jähriger ergab bei den Mädchen einen Punktdurchschnitt von 62,5 Punkten, bei den Jungen von 55,8. Noch krasser war der Unterschied in der Leistungsspitze, wo auf 10 Mädchen mit der Urkunde des Herrn Bundespräsidenten nur 3 Jungen kamen.

Die Hauptaufgaben

Die Schüler dieser Altersstufe sind „im vollen Bewußtsein auf die Sache und das Wissen um die Sache eingestellt" (HETZER). Mit dieser Einstellung sind sie auch im Turnen leicht ansprechbar, *wenn ihrer Lern- und Leistungsfähigkeit gemäß die entsprechenden Aufgaben gestellt werden.* Was wir im motorischen Feld beim weiteren *Aufbau der motorischen Eigenschaften und im Hinführen zu grundlegenden turnerischen Bewegungsfertigkeiten* in diesen Jahren nicht tun, ist später nicht mehr auszugleichen und wird sich selbst bei bewegungsbegabten Schülern negativ auswirken. Dabei geht es uns bei den erwähnten turnerischen Fertigkeiten in allererster Linie um *Grundfertigkeiten,* mit Hilfe derer wir ein ausbaufähiges Fundament legen und im Sinne von SEYBOLD-BRUNNHUBER „die Weichen" für ein späteres Erlernen formgebundener Leistungsübungen stellen. Wenn wir die *Hauptaufgaben* in bezug auf das Turnen an Geräten und auf dem Boden wiederum thesenhaft formulieren, so soll das besonders in dieser Altersstufe dominierende Grundprinzip einer *„vielseitigen* Arbeit am Bewegungsapparat" (GORKIN) nicht verdeckt, sondern eher in seinen Schwerpunkten erhellt werden.

Eine Differenzierung in der Übungsauswahl, der Belastung und Dosierung in Anerkennung des zunehmenden spezifischen Bewegungsbedürfnisses der Mädchen sollte gebührend beachtet werden. In Koedukationsklassen kann dieser Forderung in kurzzeitigen Aufgliederungen der Klasse während der Übungszeit nachgekommen werden, zumal die Schüler am Ende dieser Altersstufe ohnehin für die *Gruppenarbeit* aufgeschlossener scheinen. Sie haben in der Klasse schon Gruppen nach ihren eigenen Vorstellungen gebildet, und besonders im Turnen ist eine sich laufend ändernde *Rangordnung* zu beobachten, die dem wachsenden oder stagnierenden Können der einzelnen Schüler Rechnung trägt. REINIGER spricht von „Spezialrangordnungen" in einzelnen Leistungsgebieten.

Die *Hauptaufgaben* in dieser Altersstufe, die zugleich in ihrer Reihenfolge die *Schwerpunkte* zielgerichteter Leibeserziehung erkennen lassen sollen:

1. *Entwickeln* und *Erlernen* der noch fehlenden turnerischen Bewegungsfertigkeiten — *Ausprägen, Formen* und *Gestalten* des Erlernten. — *Rhythmusgrundschulung.*
2. Zielgerichtete Entwicklung der physischen Leistungsgrundlagen und *motorischen Eigenschaften* bei wirksamer und dosierter Belastung.
3. Erhalten der *Bewegungsfreude* an den Geräten mit Hilfe geeigneter *Spielformen.*

Beispiele zur Lehrpraxis

SPIELFORMEN

Alle Spielformen, wie wir sie bereits bei den 7/8jährigen beschrieben haben, finden selbstverständlich auch bei den 9/10jährigen Verwendung. Das Übungsfeld wird lediglich weiträumiger, die Laufstrecken bei den Hindernisstaffeln werden länger.

Wir wollen daher nur einige Beispiele beschreiben, wie sie für die Schüler im 4. Schuljahr geeignet erscheinen.

1. „Bobstaffel" (Abb. 76)

An einer Ablauflinie werden die Kastenteile (bis auf den Deckel) so aufgestellt, daß sie auf den Zapfen aufliegen. Wir bilden drei oder vier zahlenmäßig etwa gleichstarke Laufgruppen. Die einzelnen Kastenteile werden im Lauf über eine durch Ständer markierte Laufstrecke getragen. Welche Gruppe besitzt die schnellsten „Bobfahrer"?

Zunächst üben wir den „Zweierbob", dann fahren wir auch den „Viererbob; als Zwischenlösung geht es auch zu dritt *(Abb. 76)*.

Abb. 76

Viel Freude bringt auch eine Abwechslung in der Art, daß in der Dreiergruppe die Umkehrstaffel durchgeführt wird. Der mittlere Schüler sitzt dabei im Grätschsitz auf dem Kastenteil und stützt sich vor oder hinter dem Gesäß ab.

2. Hindernisstaffel über Sprunggeräte (Abb. 77)

Wir üben dieses Mal in Art der Pendelstaffel. Bei den 10jährigen kann man auch ab und an turnerische Bewegungsfertigkeiten in der Wettkampfform üben, wenn wir auch damit sehr vorsichtig umgehen sollten. Ist nämlich die Bewegungsgestalt noch nicht ausreichend gefestigt, dann tritt im Wetteifer recht leicht der motorische Zerfall ein.

Abb. 77

a) Überlaufen des großen Kastens und Grätsche über den Bock.
b) Aufhocken-abgrätschen — laufen und Grätsche über den Bock.
c) Aufhocken — abgrätschen — weiterkriechen und durchkriechen des Bockes.

d) Aufhocken — abhocken — einmal den Bock umlaufen.
e) Schersprung mit Handstütz (Fechtsprung) über den Kasten — Grätsche über den Bock.

Weitere Möglichkeiten der Abwandlung ergeben sich, wenn der große Kasten in Seitstellung gebracht wird.

3. Schaukelstaffel an Tauen (Abb. 78)

Zahlenmäßig gleichstarke Gruppen sind auf der einen Seite hinter ausgelegten Matten angetreten. In Bewegungsrichtung sind in gleicher Weise Matten gelegt worden (Abstand von den hängenden Tauen am Anfang ca. 2 m). Die Aufgabe: Drückt euch aus kurzem Anlauf von der einen Matte ab und schaukelt zur anderen. Löst euch mit einem ausreichenden Schwung vom Tau, damit ihr auch auf der Matte landet.

Abb. 78

Welche Gruppe hat zuerst „übergesetzt"? (Gültig sind nur die Bewegungsvollzüge, die mit der Landung auf der Matte beendet wurden!)

Möglichkeiten der Abwandlung:

a) Wir üben in Art der Pendelstaffel.
b) Jeder schaukelt zweimal hin und her.
c) Nach jedem Durchgang werden die Abstände der Matten vergrößert. Es zählen für die einzelne Gruppe die gelungenen Versuche.
d) Beim Vorschaukeln muß eine in der Mitte gespannte Zauberschnur überwunden werden.
e) Wir legen einen großen Medizinball auf die entferntere Matte. Der Ball muß vor der Landung von der Matte weggestoßen werden.

ÜBUNGSFORMEN

ZUM ÜBEN UND AUSPRÄGEN VON GRUNDTÄTIGKEITEN AN GERÄTEN (Bildtafel 20/21)

Mit den folgenden Übungsmodellen erweitern wir das bereits in der voraufgegangenen Altersstufe skizzierte Übungsgut. Wir finden manche Grundtätigkeit nun schon bei deutlich gesteigerten Übungsbedingungen wieder. Das entspricht der außerordentlichen sensomotorischen Leistungsfähigkeit der Kinder dieses Alters, die wir ausführlich an anderer Stelle dieser Lehrhilfe beschrieben haben. Die von den Schülern dieses Alters unter den voraufgegangenen Übungsbedingungen nun sicher beherrschten und zu Fertigkeiten entwickelten Grundtätigkeiten wenden wir mit einer Erhöhung der Belastung immer wieder an, um die für die weitere Leistungssteigerung notwendige Entwicklung der *motorischen Eigenschaften* nicht zu kurz kommen zu lassen.

Wir klettern und klimmen

a) Die Gitterleiter ist herausgezogen.

Auf der Rückseite der Leiter wird aufgestiegen. Wir überklettern die oberste Sprosse und winden uns langsam durch jedes Fenster nach unten *(Abb. 79)*.

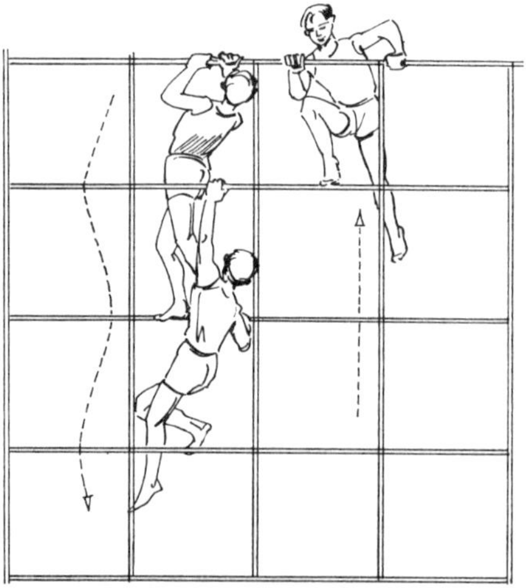

Abb. 79

Erprobt die Übungsaufgabe in umgekehrter Folge!

Klettert in der Diagonalen bis zur obersten Sprosse und windet euch durch die Fenster zurück!

Wer kann seitlich durch die Sprossenfenster klettern? *(Abb. 80.)*

Abb. 80

b) Die Kletterstangen sind herausgezogen.

Wir üben uns im „Kaminklettern“ *(Abb. 81)*. Zunächst wollen wir uns damit begnügen, bis zur halben Höhe der Stangen mit dieser Kletterart zu gelangen. Wer

Abb. 81

kann abwärts hangeln? Klettern an den Stangen, indem wir jeweils zwei ergreifen! Drückt kräftig mit den Unterschenkeln gegen die Stangen! *(Abb. 82.)*

Das Abwärtsklettern kann auf verschiedene Weise geschehen:
mit normalem Kletterschluß an einer Stange,
die Hälfte klettern, die andere Hälfte hangeln,
langsames Abgleiten in kleinen Abschnitten an zwei Stangen.

In dosierter Weise versuchen wir nun schon unsere Kletterkünste an den *Tauen*. Die Anforderungen nicht zu hoch stellen und die Kletterhöhen markieren! Nicht an den Tauen abrutschen!

Abb. 82

c) Schräggestellte Leitern.

Wir steigen aufwärts und klettern nach dem „Umsteigen" an der unteren Seite abwärts. (Bis zur Hälfte der Leitern genügt zu Beginn vollauf!)
Aufwärts hangeln mit Griff von Sprosse zu Sprosse, umklettern auf die obere Seite — absteigen.
Wer kann bis zur Hälfte der Leiter hangeln, wenn er jedoch seitlich an die Holmen greift?

Wir steigen und balancieren

a) Am Lüneburger Stegel *(Abb. 83)*.

Abb. 83

Wir übersteigen die Stufen des Stegels mit Sicherung durch Handstütz.
Wer kann ohne Handstütz aufsteigen?

Steigt über den höchsten Holm hinweg und kriecht unter dem niedrigsten zurück!
Wir steigen die Leiter hinauf, balancieren auf dem mittleren Holm auf die andere Seite und gleiten auf der Rutsche hinunter.
Wer balanciert die schräge Leiter freihändig hinauf und schafft auch ohne Handstütz das Balancieren auf dem mittleren Holm bis zur anderen Seite?

b) Steigen und Balancieren am offenen Kasten bei eingehängten Deckeln.

Diese Balancierformen sind uns schon aus dem 3. Schuljahr bekannt. Nun ist der Kasten höher, und die Aufgaben werden schwieriger: Steigt auf dem Kastendeckel auf, balanciert freihändig über den Kastenrand hinweg (der Kastenrand muß glatt sein und keine Splitterungen haben!) und steigt auf dem anderen Deckel hinunter.

Abb. 84

Steigt im rückwärtigen Gehen auf!
Balanciert seitwärts über den Kasten (Füße auf der einen Seite, die Hände stützen auf der anderen)!
Nach dem Balancieren dürft ihr auf dem Bauch „zu Tal“ rutschen!
Wer kann einen Purzelbaum anschließen?

Abb. 85

c) Balancieren auf der Kante der umgedrehten Schwebebank *(Abb. 85)*.

Wer kann in kleinen und schnellen Schritten über die Kante zur anderen Seite balancieren, ohne daß er „absteigen“ muß?

Wir üben das Balancieren auch in Nachstellschritten.
Wer kann im „Entengang“ den Balken überwinden?
Wir balancieren und rollen dabei seitlich einen Reifen oder einen großen Ball.
Wer kann mit seitlichen Überstellschritten balancieren?
Wer wagt rückwärtsgehend den „Balanceakt“?
Wir balancieren mit verschlossenen Augen über den Steg. Ein Partner stützt eine Hand.

Abb. 86

d) Balancieren an längsgestellten Kastenteilen *(Abb. 86).*

Balancieren über den Steg aus Kastenteilen ... mit kleinen Schritten, großen Schritten, im Ballengang.
Über ein Kastenteil balancieren, seitlich herunterspringen und das nächste durchkriechen, dann wieder balancieren.
Wir lösen die gleichen Übungsaufgaben, transportieren dabei Handgeräte (Medizinball, Keule, Gymnastikball).
Balancieren über die Kastenteile mit Rollen eines Medizinballes.

Abb. 87

e) Steigen und Balancieren über hochgelegte Schwebebänke *(Abb. 87).*

In der voraufgegangenen Altersstufe haben wir bereits ausgiebig das Balancieren über schmale Unterstützungsflächen geübt, die Schwebebänke waren hier vorwiegend als schräge Ebene aufgelegt oder eingehängt. Als Übungssteigerung im 4. Schuljahr erproben wir gleiche oder ähnliche Übungsformen über Schwebebänke, die zwischen 0,90 und 1,10 m (und in gleicher Höhe) aufgelegt sind. Danach suchen wir unsere Fertigkeiten am *Schwebebalken* zu vollziehen.

Nach einem Aufsteigen über den vorgestellten kleinen Kasten üben wir das Balancieren in folgender Steigerung:

wir gehen mit schnellen Schritten über den Steg, die Arme in Seithalte,
wir üben das Gehen mit Nachstellschritten,
wir laufen leise und locker über die Schwebebank (hier ist immer nur ein Schüler auf dem Gerät),
wir balancieren und tragen Geräte,
wir rollen Bälle auf der Schwebebank entlang,
wir überspringen die auf der Schwebebank aufgelegten kleinen Medizinbälle (Abstand der Bälle ca. 2 m),
wir balancieren und durchkriechen die von Partnern gehaltenen Gymnastikreifen.

Abb. 88

f) Steigen und Balancieren am Stufenbarren *(Abb. 88).*

Wir steigen über Sprungkästen auf, die in ausreichender Höhe vor den Holmengassen aufgestellt sind:

Balancieren über den niederen Holm mit Handfassung am höheren, dasselbe mit seitlichen Überstellschritten,
wer kann bis zur Hälfte des Holmes freihändig gehen?

Wir üben mit zwei Gruppen von zwei Seiten. Windet euch so aneinander vorbei, daß keiner den Barren verlassen muß! (Siehe *Abb. 88.)*

Wir schaukeln und schwingen

Wenn wir mit den 7/8jährigen das Schaukeln und Schwingen nicht nur als eine willkommene Abwechslung im Übungsbetrieb aufgefaßt haben, dann können wir mit den 9/10jährigen anspruchsvollere Übungsaufgaben in das Programm aufnehmen. Das schließt nicht aus, daß Übungsaufgaben der voraufgegangenen Jahre immer und in geeigneter Weise (wenn sie sich sinnvoll in ein Bewegungsthema einfügen lassen) *wiederholt* werden.

a) Aufschwingen mit dem Tau auf höher gestellte Geräte *(Abb. 89)*.

Vor dem Tau sind in einer Entfernung von etwa 2,5 bis 3 m zwei seitgestellte Kästen aufgebaut:

Abb. 89

Wer schwingt aus dem Anlauf zum Stand auf den Kasten? Springt nach der anderen Seite ab und werft das Tau zurück zum nächsten Schüler.

Abb. 90

Schwingt zum Stand auf den Kasten, führt eine halbe Drehung aus und schaukelt zurück. Der nächste Schüler soll euch abbremsen!

Wer kann zum Seitsitz auf den Kasten schwingen?

Wir legen einen Medizinball auf den Kasten:

Wer stößt den Medizinball aus dem Schwingen herunter, ohne den Kasten zu berühren? Wer stößt ihn am weitesten?

Wer holt den Medizinball vom Kasten herunter? (Ball zwischen die Beine klemmen!)

b) Schaukeln und Schwingen von einem Gerät zum anderen *(Abb. 90).*

Zwei Kästen sind in geeigneten Abständen voneinander aufgebaut (ausprobieren!): Schwingt aus dem Stand auf dem einen Kasten zum Stand auf dem anderen!

Wer löst die Aufgabe zweimal hintereinander? Wer transportiert den Medizinball zwischen den Beinen zum anderen Kasten?

Wir laufen, hüpfen und springen

Diese Grundtätigkeiten finden im Üben mit den 9/10jährigen im Vergleich zu der voraufgegangenen Altersstufe eine wesentlich erweiterte Berücksichtigung. Wir nutzen dabei die Geräte nicht nur zu einer gründlichen *Rhythmusgrundschulung* (vor allem in der Bewegungsverbindung Lauf und Sprung), sondern bemühen uns auch um eine wirksame Erhöhung der Bewegungssicherheit und der motorischen Funktionstüchtigkeit. Die Weite des Übungsfeldes können und wollen wir wiederum nur mit Hilfe einiger Übungsmodelle andeuten (siehe dazu auch die Beispiele im Abschnitt „Zum Einüben und Gestalten der erlernten turnerischen Bewegungsfertigkeiten").

Abb. 91

a) Laufen, springen und hüpfen an der Kastentreppe *(Abb. 91).*

Aus vollem Anlauf überlaufen wir die Kastentreppe und springen in die Weite. (Gute Mattenlage, am besten einen Mattenberg aufbauen.) Wir betonen das Springen in die Höhe. Zu diesem Zweck spannen wir hinter dem letzten Kasten eine Zauberschnur, die nach Bedarf höher gespannt werden kann.

Übt Schlußsprünge von Stufe zu Stufe und dann weiter auf den Mattenberg!

Wer springt mit Abdruck vom mittleren Kasten über den höheren hinweg?

Wir erproben nach dem letzten Abdruck *Drehungen* nach verschiedenen Richtungen.

b) Laufen und springen am Lüneburger Stegel *(Abb. 92)*.

Fast alle Aufgaben, wie wir sie an der Kastentreppe beschrieben haben, können auch am Lüneburger Stegel ausgeführt werden. Die schmaleren Holme verlangen jedoch

Abb. 92

größere Vorsicht. Der Anlauf sollte daher mit Bedacht ausgeführt werden. Es ist zu empfehlen, daß *barfuß* am Lüneburger Stegel geübt wird.

c) Rhythmusgrundschulung beim Überlaufen und Überspringen von Geräten und Geräteteilen *(Abb. 93)*.

Abb. 93

Das *lockere* und *gelöste* Überspringen von seitgestellten Schwebebänken, kleinen Kästen oder Kastenteilen in *Absprungrhythmen* und aus einer *Dreischrittfolge* einzeln, zu Paaren in der Dreiergruppe oder in der Vierergruppe sind Übungsziele, um die es lohnt, sorgsam und gründlich vorzugehen. Die Schüler erfassen den Bewegungsrhythmus relativ leicht, wesentlich ist, daß dieses Erfaßte so gefestigt wird, daß es später bei der Schulung techno-motorischer Abläufe auch verfügbar ist.

Beim Üben von Absprungrhythmen beträgt der Abstand der zu überspringenden Geräte etwa 2 m. Der Absprung über das Gerät erfolgt immer mit dem gleichen Bein: ... links — und (Landung auf dem rechten Bein) — links usw.

Beim Dreischrittrhythmus erfolgt der Absprung immer mit dem gleichen Bein, der Landeschritt wird nicht gezählt (siehe dazu die *Abb. 93*).

d) Laufen, hüpfen und springen in der Vierergruppe *(Abb. 94)*.

Auf ein Zeichen des Lehrers erfolgt der Ablauf:
auflaufen auf den Kasten — Strecksprung — landen und zurücklaufen;

Abb. 94

auflaufen — Hocksprung — landen und zurücklaufen;
auflaufen — Schrittsprung — landen und zurücklaufen usw.

ZUM ERLERNEN UND ÜBEN ALTERSGEMÄSSER GRUNDFORMEN TURNERISCHER BEWEGUNGSFERTIGKEITEN (Bildtafel 22/23)

Mit den nun in der Folge dargestellten methodischen Übungsreihen schließen wir den Kreis der turnerischen Grundfertigkeiten, die u. E. zum Lernprogramm eines *zielgerichteten* Turnens an den Geräten gehören. Was wir bereits bei den Übungsreihen der 7/8jährigen vermerkten, hat bei den 9- bis 10/11jährigen die gleiche Gültigkeit. Die zahlenmäßige Folge der Übungsreihen versucht dem Schwierigkeitsgrad Rechnung zu tragen, wenn wir unterstellen, daß im Sinne dieser Lehrhilfe sich vom 1. Schuljahr an um eine gewisse Unterrichtskontinuität bemüht wurde, ohne den Unterricht vor lauter Zielstrebigkeit erstarren zu lassen.

Wir wollen noch einmal betonen, daß fast jede der in den Übungsreihen dargestellten Kernübungen auf dem Wege zur Zielübung *Hauptaufgabe* im Rahmen einer Übungsstunde sein kann. Je gründlicher und vielseitiger der Aufbau einer Bewegungsgestalt erfolgt, desto besser werden auch wesentliche andere Aufgaben der Leibeserziehung in der Unterstufe erfüllt.

ÜBUNGSREIHE 8

Handstandschwingen mit Abrollen in den Hockstand

1. VORBEREITENDE ÜBUNGSFORMEN

a) An der Sprossenwand: in den Handstand laufen und wieder zurück!

b) Wer kann aus dem Liegehang auf dem hüfthohen Reck nach vorn „rutschen" und abrollen?

c) Wir erproben die gleiche Aufgabe am langgestellten und etwa 0,70 bis 0,90 m hohen Kasten

d) Wir schwingen in den Handstand: an der Wand, an der Sprossenwand.

2. ZIELGERICHTETE ÜBUNGSFORMEN

e) Schwingen in den Handstand mit Partnerhilfe. Der Partner hilft auch beim Abrollen

f) Am seitgestellten Kasten versuchen wir die gleiche Aufgabe unter anderen Bedingungen zu lösen

g) Aus leichtem Anlauf: Aufschwingen in den Handstand (ist der Schwung zu stark, dann bremst der Partner) und nachfolgendes Abrollen

3. FESTIGENDE UND AUSPRÄGENDE ÜBUNGSFORMEN

h) Am weichen Mattenberg und unter Benutzung des Trampolins: Aufschwingen in den Handstand und abrollen

i) Für die guten Schüler lassen wir die gleiche Aufgabe am langgestellten Kasten vollziehen

j) Aus der Rolle vorwärts: hochfedern und schwingen in den Handstand — abrollen in den Hockstand

ÜBUNGSREIHE 9

Flugrolle über den kleinen Kasten

1. VORBEREITENDE ÜBUNGSFORMEN

a) Wer kann zwei (drei, vier) Rollen hintereinander?

b) Wir rollen auf dem längsgelegten Kastendeckel in den Hockstand und gehen zu einer weiteren Rolle auf der niedriger liegenden Matte über

c) Wer wagt aus dem Hockstand auf dem kleinen Kasten die Rolle vorwärts?

2. ZIELGERICHTETE ÜBUNGSFORMEN

d) Wir üben mehrere Rollen über den liegenden Partner

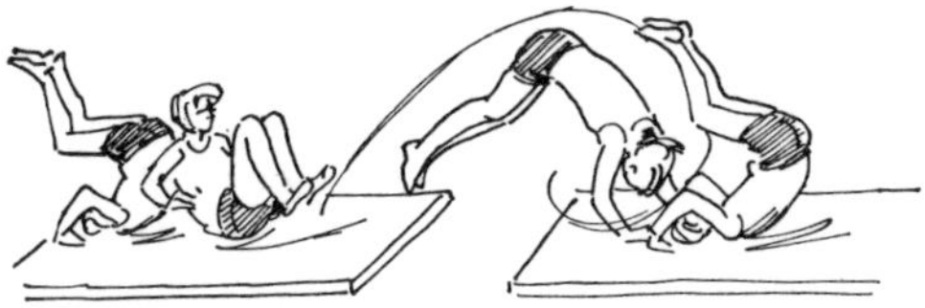

e) „Kleine“ und „große“ Rollen in fließender Folge! Die „große“ Rolle führt über einen Abstand zwischen zwei Matten hinweg, der nach jedem Durchgang vergrößert werden kann.

f) Nun können wir ohne Bedenken die Flugrolle über den seitgestellten Kasten wagen!

3. FESTIGENDE UND AUSPRÄGENDE ÜBUNGSFORMEN

g) Aus zügigem Anlauf: Flugrolle auf der Mattenbahn

h) Übt die Flugrolle aus einer voraufgegangenen Rolle heraus!

i) Flugrolle über die Kinderhürde als Partneraufgabe

j) Flugrolle durch den Gymnastikreifen

ÜBUNGSREIHE 10

Hocke über den seitgestellten Kasten

1. VORBEREITENDE ÜBUNGSFORMEN

a) Auf der Mattenbahn: „Wie ein Hase“ durch die gehaltenen Gymnastikreifen hüpfen

b) Dasselbe über Gymnastikstäbe hinweg

c) Stützhüpfen von Kasten zu Kasten

d) Aufhocken auf den langgestellten Kasten — Abhocken über das Kastenende hinweg (ein Schüler sichert mit Griff am Oberarm).

e) Hocksprung auf den großen Kasten — die Helfer ziehen mit Griff an den Oberarmen

2. ZIELGERICHTETE ÜBUNGSFORMEN

f) Am Ende eines langgestellten großen Kastens setzen wir einen kleinen Sprungkasten auf: hockt auf und hockt gleich weiter über den kleinen Kasten!

g) Wir üben die Hocke mit Absprung von einem federnden Brett (Reutherbrett) über das Pferd, die Pauschen bleiben dabei aufgeschraubt

h) Hocke über den seitgestellten Kasten mit Absprung von einem vorgestellten kleinen Sprungkasten

i) Hocke über den 0,90—1,00 m hohen Kasten

3. FESTIGENDE UND AUSPRÄGENDE ÜBUNGSFORMEN

j) Hocke über das Reck aus dem Anlauf. Übt in der fließenden Folge mehrere Hocken!

l) Wer kann zweimal die Hocke über seitgestellte Kästen?

k) Wir wagen nun die Hocke über das Pferd, ohne dabei die Hilfe eines federnden Brettes und die Pauschen in Anspruch zu nehmen

m) Grätsche und Hocke in einer Übungskombination

ÜBUNGSREIHE 11

Luftrolle über den Mattenkasten

1. VORBEREITENDE ÜBUNGSFORMEN

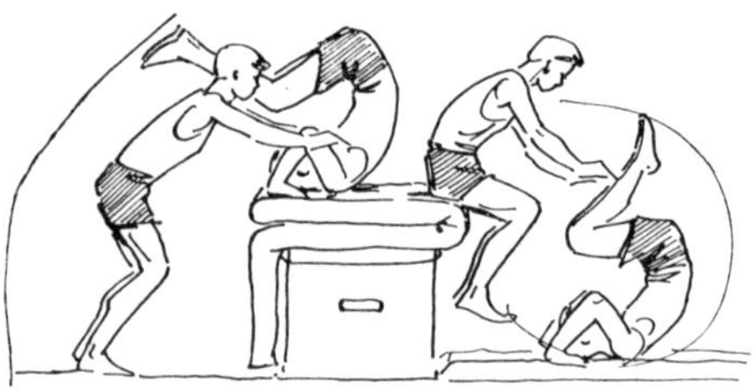

a) Rolle auf dem kleinen Kasten bei aufgelegter Matte. Wer kann sich so zusammenkauern, daß er vor dem kleinen Kasten zum Hockstand kommt?

b) Wer kann auf dem langgestellten Kasten zum Hockstand rollen?

c) Rolle mit Stütz auf dem Mattenkasten — vorher muß jedoch eine etwas höher als der Kasten gespannte Zauberschnur überwunden werden.

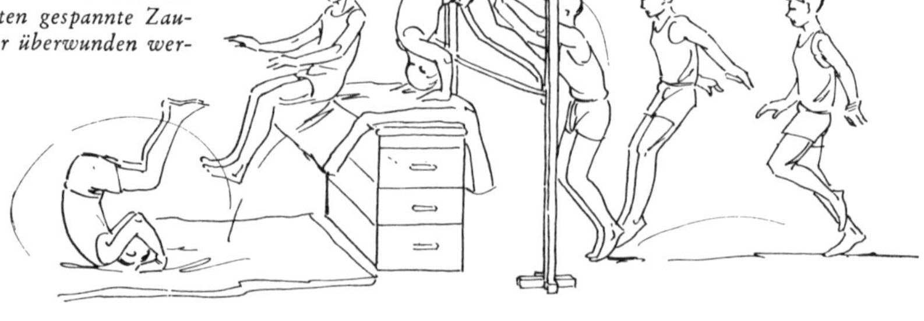

d) Wer wagt ohne Stütz der Hände die Rolle auf dem Mattenberg?

e) Luftrolle über den kleinen Mattenkasten mit Hilfe von zwei Partnern.

3. FESTIGENDE UND AUSPRÄGENDE ÜBUNGSFORMEN

f) Wir üben die Luftrolle vorwärts in der Dreiergruppe

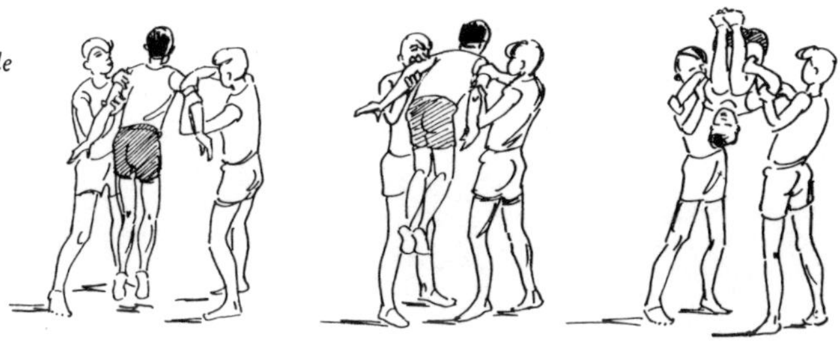

g) Luftrolle unter Benutzung des Absprungtrampolins (Aufsprungraum gut mit Matten absichern!)

ÜBUNGSREIHE 12

Unterschwung am Reck

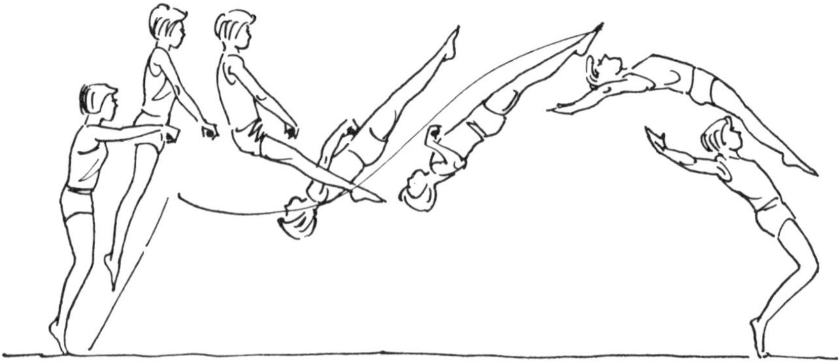

1. VORBEREITENDE ÜBUNGSFORMEN

a) Laufen durch die flüchtige Spannbeuge am hüfthohen Reck

b) Wer kann sich am Reck auf den vorgestellten kleinen Sprungkasten aufwinden?

c) Durchwinden am Stufenbarren — eine Gewandtheitsübung, die immer wieder Freude macht

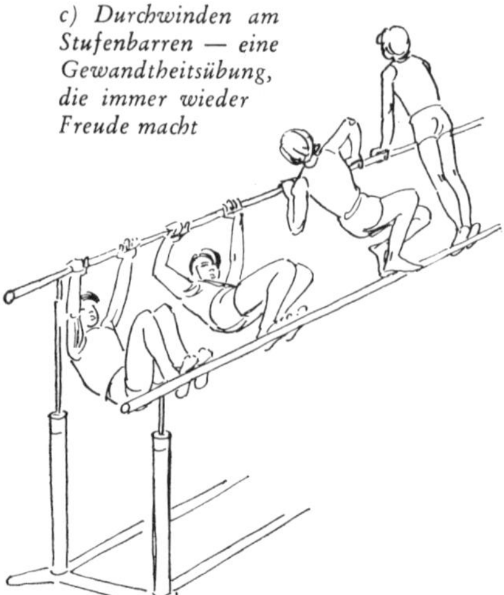

d) Aufwinden auf den hohen Kasten

2. ZIELGERICHTETE ÜBUNGSFORMEN

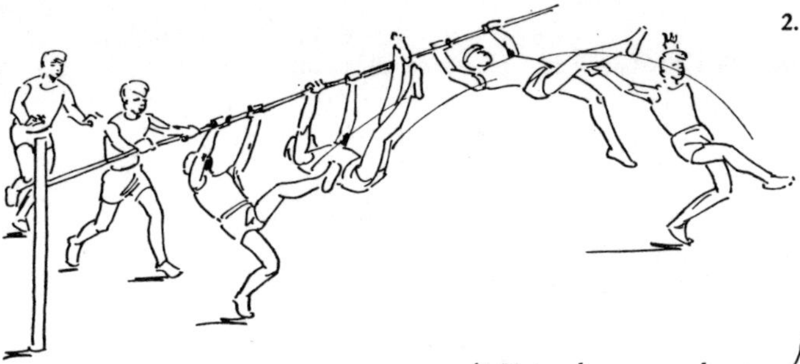

e) „Schrittunterschwung" am Reck

f) Unterschwung am brusthohen Reck, wenn der kleine Kasten vorgestellt ist.

g) Die gleiche Aufgabe aus dem Stand und mit Helfer

h) Unterschwung am Reck — beide Beine drücken ab

3. FESTIGENDE UND AUSPRÄGENDE ÜBUNGSFORMEN

i) Wer kann nach dem Unterschwung in gutem Bewegungsfluß eine Rolle anfügen?

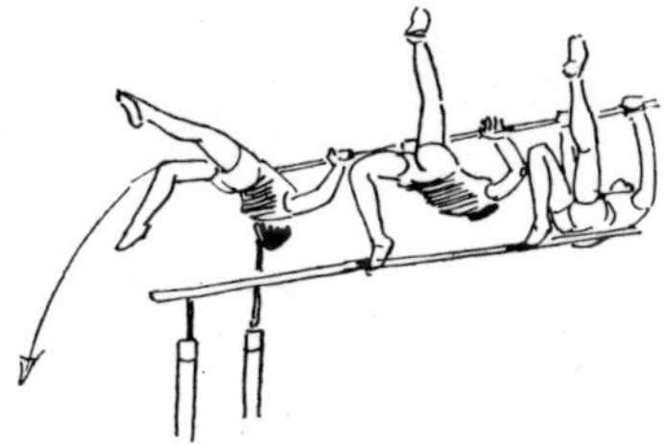

j) Unterschwung am Stufenbarren mit Aufstellen eines Beines

k) Unterschwung über eine vorgespannte Schnur (oder auch Kinderhürde)

ÜBUNGSREIHE 13

Nackenüberschlag vom Ende des großen Sprungkastens (0,90 m)

1. VORBEREITENDE ÜBUNGSFORMEN

a) Schnellkräftiges Aufwinden auf den vor dem Reck aufgestellten langen Sprungkasten. Fließend weitergehen!

b) Wer kann sich an den Tauen zum Stand aufschwingen?

c) Die gleiche Übung wie unter b) in der Dreiergruppe. Zieht nur so stark an den Händen, daß auch die eigene Anstrengung nicht zu kurz kommt!

2. ZIELGERICHTETE ÜBUNGSFORMEN

d) Am seitgestellten kleinen Kasten: wer kann aus der Rolle heraus die Hüfte so schnell strecken und die Beine „nach schräg-oben stoßen", daß er fast aufgerichtet zum Stand kommt?

e) Nackenüberschlag mit Sicherung und Hilfe durch zwei Partner am langen Kasten

3. FESTIGENDE UND AUSPRÄGENDE ÜBUNGSFORMEN

f) Nackenüberschlag vom seitgestellten Kasten — ein kleiner Kasten ist vorgestellt

g) Aufspringen auf den hüfthohen langgestellten Kasten — Nackenüberschlag zum Stand

ÜBUNGSREIHE 14

Überschlag vorwärts vom Ende des Kastensteges (0,60 bis 0,90 m hoch)

1. VORBEREITENDE ÜBUNGSFORMEN

a) Schnelles Aufschwingen in den Handstand. Wir üben in der Dreiergruppe

b) Schnelles Aufschwingen in den Handstand gegen eine an der Wand aufgestellte oder aufgehängte Matte. Wer kann so kräftig dagegen schwingen, daß er gleich wieder zurückfedert?

2. ZIELGERICHTETE ÜBUNGSFORMEN

c) Wir laufen über einen Kastensteg an und versuchen den Überschlag mit Stütz auf den etwas niedrigeren kleinen Kasten. (Sicherung wie unter e)

d) Wer probiert den Überschlag am schrägen Hang?

3. FESTIGENDE UND AUSPRÄGENDE ÜBUNGSFORMEN

e) Anlauf über eine Schwebebank und Überschlag mit Stütz auf den kleinen Kasten

f) Aus zügigem Anlauf: Überschlag mit Abdruck vom höchsten Punkt einer federnden schiefen Ebene (untergeschobenes Reutherbrett).

ZUM EINÜBEN UND GESTALTEN ERLERNTER TURNERISCHER BEWEGUNGSFERTIGKEITEN (Bildtafel 24)

Zu den in der voraufgegangenen Altersstufe erlernten turnerischen Bewegungsfertigkeiten sind nun noch diejenigen getreten, die in der Regel erst dem sensomotorischen Leistungsfeld der 10/11jährigen zuzuordnen sind. Daß wir beim *Einüben* und vor allem beim *Gestalten* dieser „jüngeren" Fertigkeiten auch immer wieder auf schon erworbene und relativ gesicherte Bewegungsfertigkeiten zurückgreifen, sie in geeigneter Weise beim Gestalten von Übungsverbindungen sinnvoll einbauen, wollen wir mit Nachdruck betonen. Einige Übungsmodelle zur Anregung und Weiterentwicklung:

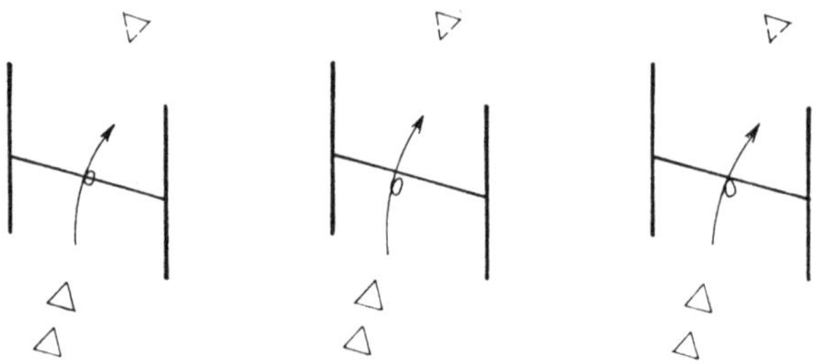

Abb. 95

Wir üben im „Strom"

a) Drei Kinderhürden sind in einer Höhe von 0,40 m aufgebaut:
wir üben die Flugrolle in der Hin- und Rückbewegung. Nach jedem Durchgang steigern wir die Höhe um 5 cm. (Nicht höher als über eine Kinderhürde von 0,60 m die Flugrolle in dieser Altersstufe üben!)

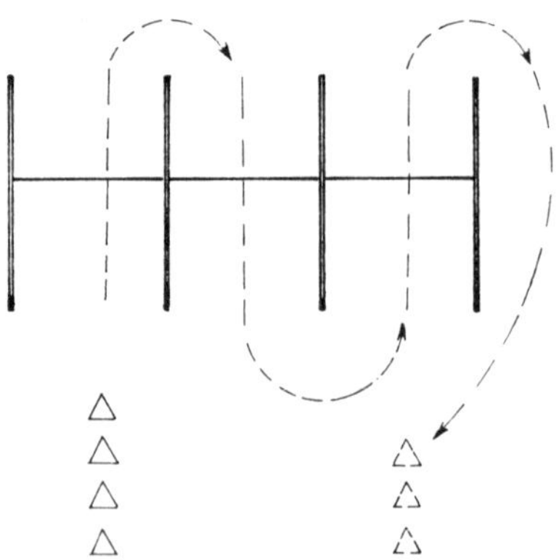

Abb. 96

b) Unterschwung im „Strom" an drei brusthohen Recks.

c) Aus zügigem Anlauf üben wir im „Strom“ den Nackenüberschlag am kleinen und großen Kasten, die Kästen sind längs- und seitgestellt zu benutzen.

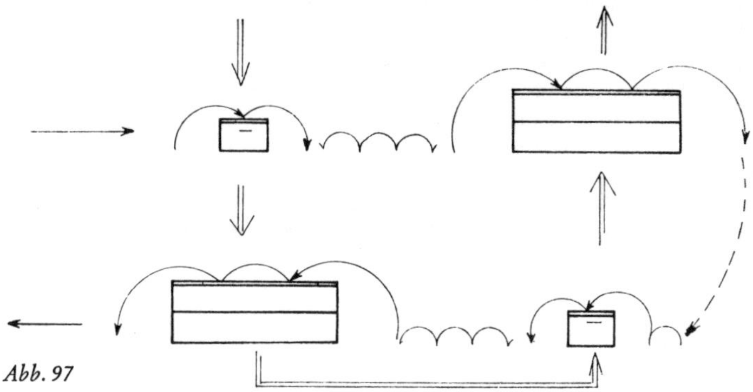

Abb. 97

d) Wir üben in fließender Folge den Salto über den Mattenberg unter Benutzung von Auftriebshilfen (Reutherbrett, Trampolin) in das von sechs Schülern gehaltene Sprungtuch.

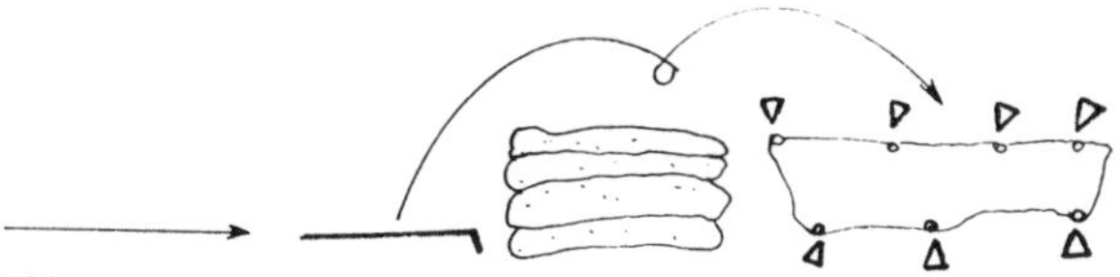

Abb. 98

Wir üben in der „rhythmischen Reihe“ strukturell gleichartige Fertigkeiten

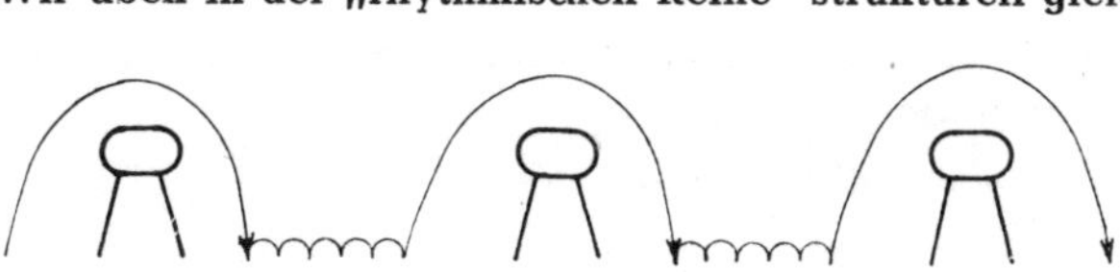

Abb. 99

a) Grätsche — 1-2-3-4-5 — Grätsche — 1-2-3-4-5 usw.
(Abstand der Böcke bei den 10jährigen ca. 8 m.)

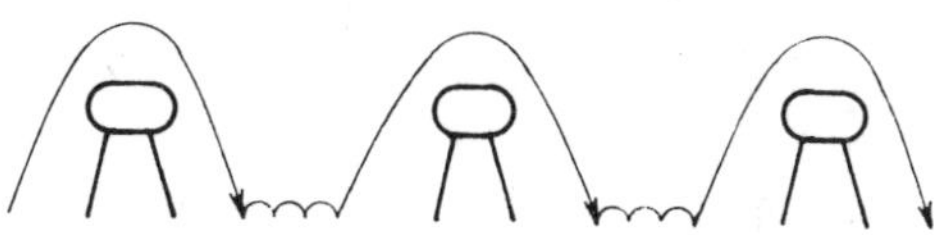

Abb. 100

b) Grätsche — lauft-lauft-lauft — Grätsche usw.
(Abstand der Böcke bei der Dreischrittfolge bei 10jährigen ca. 5 bis 6 m.)

c) Grätsche — 1-2 — Grätsche — 1-2 — Grätsche usw.
(Abstand der Böcke bei 10jährigen beim Erproben der Zweischrittfolge ca. 3 m.)

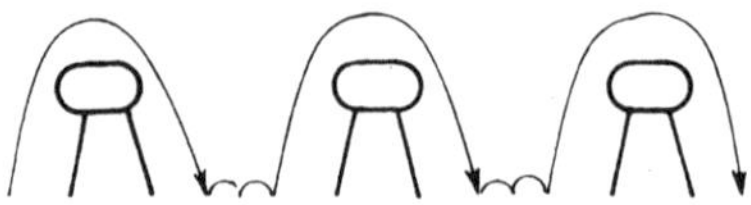

Abb. 101

d) Grätsche — Grätsche — Grätsche ...
(Abstand bei der rhythmischen Übungskette bei 10jährigen ca. 1 m.)

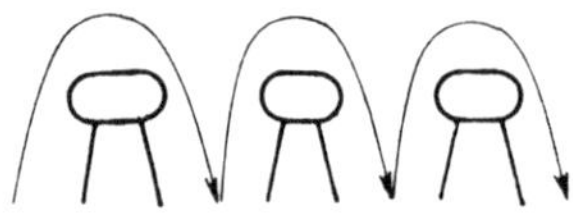

Abb. 102

e) Wir erproben die Flugrolle über kleine Kästen hinweg in der rhythmischen Reihe:
... lauft-lauft — *rollt* — federt — lauft-lauft — *rollt* — federt — lauft-lauft — *rollt* — federt ...

Abb. 103

(Abstand der kleinen Kästen voneinander ca. 4—5 m.)

Der Bewegungs- und Übungsrhythmus erfährt eine Änderung, wenn wir den Abstand der Kästen auf etwa 2 m verkürzen:

... lauft-lauft — *rollt* — federt -- *rollt* — federt — *rollt* ...

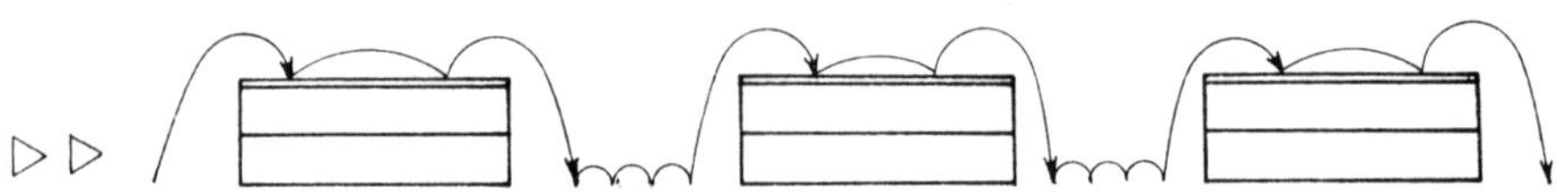

Abb. 104

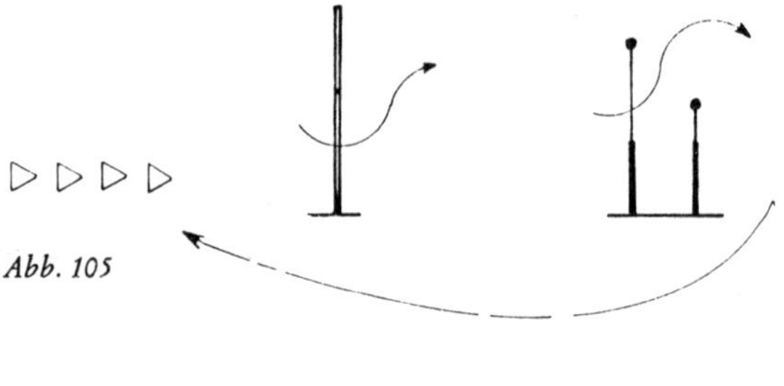

Abb. 105

f) Wir üben den Nackenüberschlag in der „rhythmischen Reihe". Abstand der Kästen ca. 5—6 m:

...lauft-lauft — aufhocken — *Nackenüberschlag* — lauft-lauft-lauft — aufhocken — *Nackenüberschlag* ... usw. (*Abb. 104*).

g) Unterschwung in der „rhythmischen Reihe" am brusthohen Reck in Kombination mit dem Stufenbarren. Wir üben in der Hin- und Rückbewegung *(Abb. 105)*.

Wir üben und erproben Verbindungen von Bewegungsfertigkeiten mit strukturell verschiedenartigen Formen

a) An der Kastentreppe aus kleinem Kasten und etwa 0,90 m hohen seitgestelltem großen Kasten:

aufhocken — Strecksprung — Rolle vorwärts;

mit Absprung vom kleinen Kasten vollziehen wir die Hockwende links und fügen nach der Landung eine Rolle vorwärts an;

wer kann eine Hockwende mit weiterer Vierteldrehung und sofort die Rolle rückwärts ausführen?

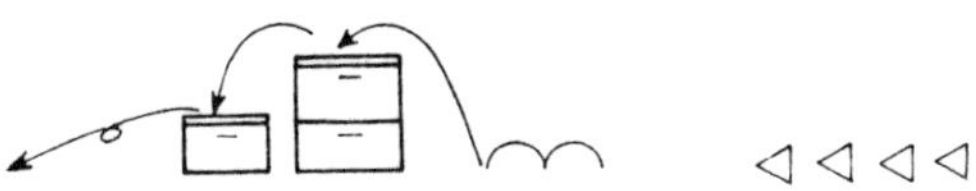

Abb. 106

b) Hockwende auf den seitgestellten langen Kasten — abrollen vorwärts zum Stand auf der Matte.

c) Hockwende auf den großen Kasten — abgrätschen und Rolle vorwärts.

d) Hockwende auf den großen Kasten — Strecksprung seitwärts — nach federnder Landung eine Flugrolle vorwärts anfügen.

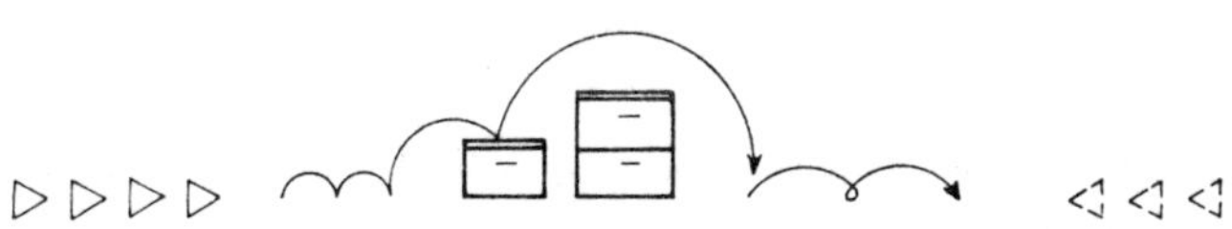

Abb. 107

Diese Gerätekombination unter *Abb. 106* ermöglicht für die 10jährigen auch Verbindungen, wenn wir von der anderen Seite beginnen: aufhocken auf den hohen Kasten — Schlußstrecksprung auf den kleinen — Flugrolle *(Abb. 107)*;

Hockwende auf den kleinen Kasten und Flugrolle;
wer hockt auf den kleinen Kasten durch und fügt sofort eine Flugrolle vorwärts an?

e) Eine wesentliche Übungssteigerung und Übungserweiterung bietet der Stufenbarren *(Abb. 108)*. Um bei unseren kleinen Turnern einen ausreichenden Bewegungsfluß zu erzielen, stellen wir zum Aufsteigen einen kleinen Kasten vor den niederen Holm:

Hockwende links über den höheren Holm (Holmabstand 0,40—0,50 m) — nach federnder Landung eine Rolle vorwärts;

Hockwende rechts — Rolle rückwärts;

Hockwende mit weiterer Vierteldrehung — Rolle rückwärts;

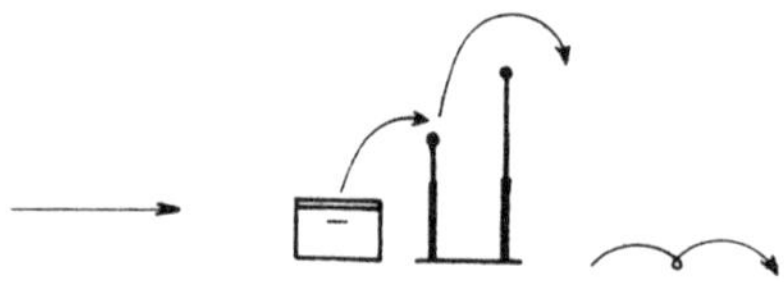

Abb. 108

Hockwende wie vorauf mit weiterer Vierteldrehung — elastischer Schlußstrecksprung mit halber Drehung — Rolle vorwärts;

wir üben auch mit zwei vorgestellten kleinen Kästen, der Partner links führt die Hockwende rechts aus, der Partner rechts führt die Hockwende links aus.

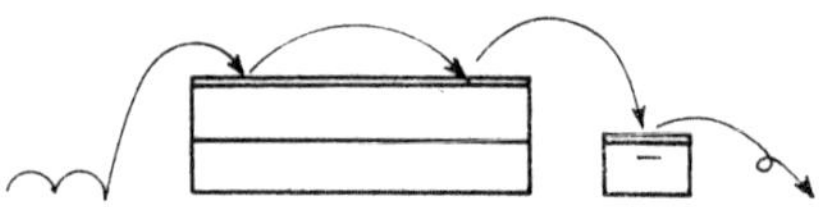

Abb. 109

f) Aufhocken auf den großen und längsgestellten Kasten — Vorhocken — Strecksprung auf den kleinen Kasten — Flugrolle.

Sucht weitere Verbindungen unter diesen Übungsbedingungen!

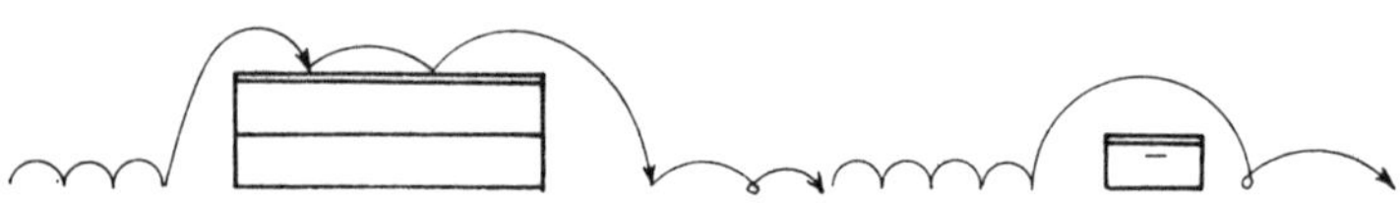

Abb. 110

g) Aufhocken auf den langen Kasten — Nackenüberschlag — Rolle vorwärts — laufen und Flugrolle über den kleinen Kasten.

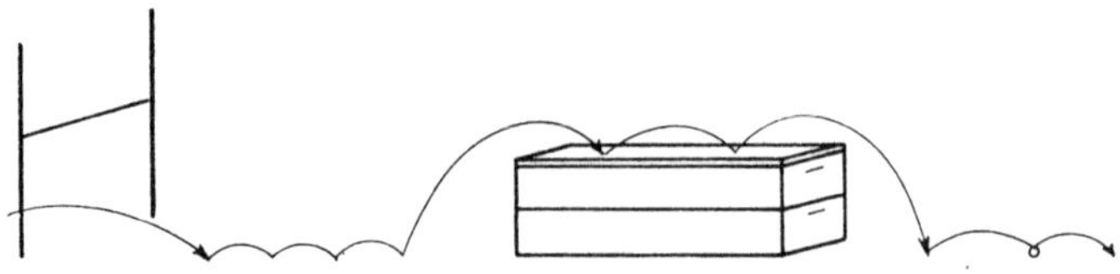

Abb. 111

h) Aus zügigem Anlauf: Unterschwung am kopfhohen Reck — Rolle vorwärts — weiterlaufen — aufhocken — Nackenüberschlag — Rolle vorwärts.

E. Hinweise zur Einführung in das Springen am Absprung-Trampolin

Trotz der in dieser Schriftenreihe als Band 2 erschienenen methodischen Lehrhilfe zum Springen am *Absprung-Trampolin* (Minitramp) wird es als notwendig erachtet, nochmals — und in bezug zum Bewegungsverhalten der Schüler in der Primarstufe — den methodischen Weg zu skizzieren. Die Notwendigkeit ergibt sich aus der in Tageszeitungen und Illustrierten — häufig polemisch — in den Raum gestellten „Gefährlichkeit" dieses Gerätes. Sicher ist die Unfallgefahr dann nicht von der Hand zu weisen, wenn

— methodisch unsachgerecht vorangegangen wird,
— methodisch zu schnellschrittig das Übungsgut erarbeitet wird,
— die Bewegungserfahrungen der Schüler unzureichend sind,
— das Helfen und Sichern oberflächlich in den Lernprozeß integriert wird.

Daß das Absprungtrampolin die Schüler aller Klassen der Primarstufe in hohem Maße zu motivieren vermag, wird jeder Lehrer erfahren, der dieses Gerät in seinen Unterricht einbaut. Er muß sich jedoch auch immer bewußt sein, daß die Schüler dieser Altersstufe in ihrem Bewegungsdrang und Leisten-Wollen eventuelle Unfallgefahren nicht einzuschätzen vermögen. Darüber hinaus wähnen sie sich in dem Glauben, daß der *Weichboden* hinter dem Gerät schon das Übelste verhindert. Abgesehen davon, daß ein Lehrer, der an diesem Gerät unterrichtet, über genügend *eigene Bewegungserfahrung* verfügen sollte, muß der didaktisch-methodische Weg einer Einführung in das Trampolinspringen *sachgerecht* und *angemessen* zugleich konzipiert werden. In gebotener Kürze und thesenhaft soll ein Lern- und Übungsweg dargestellt werden, wie er sich in vielen Lehrversuchen bewährt hat.

1. *Ausreichende Bewegungserfahrung im Springen und Rollen mit Eigenkraft*

Bevor die Schüler der Primarstufe Stützpunkte, Strecksprünge mit und ohne Beintätigkeiten, Roll- und Überschlagformen am Minitramp erproben, sollten vorerst — zumindest in der Grobform — die Bewegungsgrundmuster unter Normalbedingungen erworben sein. Eine Ausnahme dürfte sein, wenn das Minitramp als *Lernhilfe* (z. B. beim Salto auf oder über den Mattenberg) eingesetzt wird.

2. *Ausgiebiges Vertrautmachen mit der Federwirkung des Gerätes*

Zu oft werden die Schüler zu schnell mit Lernaufgaben konfrontiert, in denen es gilt, einen bestimmten Sprung — frei oder über ein Gerät — auszuführen. Aus mangelnder Erfahrung in bezug zum Auftrieb *muß* es hier zu Fehlformen kommen! Folgende Übungsmöglichkeiten zum Zwecke des Erfahrens der Federwirkung können empfohlen werden:

a) Der Lehrer (oder auch ein Schüler) sitzt auf einem langgestellten Kasten. Das Minitramp wird unmittelbar vor dem Kasten aufgestellt. Mit Handfassung (Lehrer — Schüler) wird das Federn im Gerät geübt. Das kann bei Wiederholungen auch mit Anhocken, Grätschen und Spreizen der Beine geschehen. Das letzte Federn wird durch ein tiefes Abhocken gebremst. Der Schüler springt seitlich aus dem Gerät, landet auf einer Matte und fügt eine Rolle vorwärts an.

b) Der hohe Kasten ist quergestellt, das Minitramp vor dem Kasten aufgebaut. Hinter dem Kasten steht der Helfer und sichert mit Klammergriff am Oberarm.

Bewegungsaufgabe: Federn im Gerät und nachfolgendes Aufhocken mit Übergang zum Strecksprung *(Abb. 112)*.

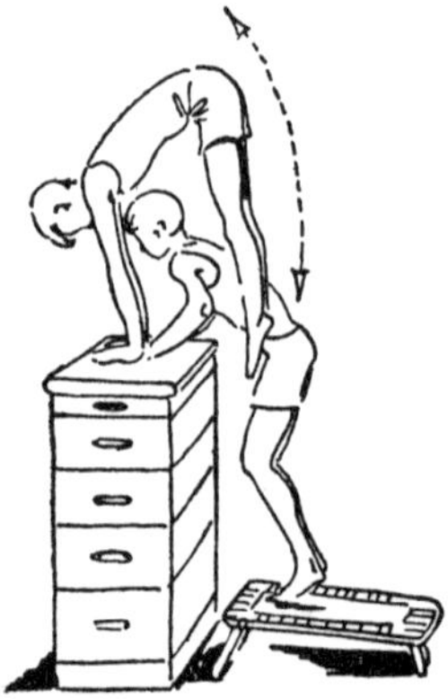

Abb. 112

c) Wir laufen über einen Kastensteg an, springen in das Trampolin, hocken auf und fügen einen Strecksprung an. Bei noch bewegungsunsicheren Schülern greift der Lehrer zeitgerecht mit Klammergriff am Oberarm zu, zeigt das Bewegungsverhalten schon ein hohes Maß an Bewegungsfluß, dann *sichert* der Lehrer, wie durch die *Abb. 113* veranschaulicht.

Abb. 113

Das Erleichtern des Einspringens durch einen Kastensteg (oder auch Schwebebank) stellt eine wesentliche Lernhilfe in dieser Lernphase dar. Erst später erproben wir die gleiche Bewegungsaufgabe mit Einsprung vom Hallenboden. Wie dabei auch unter Nutzung des fester stehenden Pferdes bei guter Sicherung geübt werden kann, ist aus der *Abb. 114* ersichtlich.

3. Erste Sprungversuche als gestützte Sprünge!

Die unter 2 (c) aufgeführten Übungsformen leiten unmittelbar über zu den ersten Stützsprüngen.

Aufgabe: Wer kann eine Hockwende links (rechts) ausführen?
Helfen und Sichern wie in *Abb. 114!*

Abb. 114

Wer kann eine Hocke springen? Das Sichern und Helfen veranschaulicht *Abb. 115.*

Abb. 115

4. Freisprünge in der Einführungsphase zunächst auf Geräte oder auf den Mattenberg!

Viel zu früh werden die Schüler nicht selten an das Erproben von *Freisprüngen* geführt! Wenn mit Freisprüngen begonnen werden soll — dann zunächst *auf* geeignete Geräte und *mit* ausreichender Sicherung. Eine Lernhilfe wird in der *Abb. 116* dargestellt, eine andere — vielleicht für die Schüler der Primarstufe noch angemessenere — stellt der *Weichboden* dar, der auf kleine Kästen oder auf parallel gestellte große Kästen (siehe *Abb. 116*) aufgelegt ist.

Grundsätzlich sollte bedacht werden, daß eine *Übungssteigerung* bei Schülern im Kindesalter *allmählich* vollzogen wird.

Abb. 116

F. Betrachtungen und Bildreihen zur Formgenese (Grundkanon)

Die nachfolgenden *Bildreihen* erfassen in diesem Umfang *erstmalig* Bewegungsabläufe von Kindern, wie sie sich unmittelbar nach dem Erlernen ergaben (soweit es sich um die Reihenaufnahmen bei Grundschulkindern handelt). Der Lernprozeß war eingebettet in den *normalen* Unterricht im Fach Leibeserziehung.

Wenn auch dem menschlichen Auge im genauen Erfassen schnell ablaufender Bewegungen Grenzen gesetzt sind, wagen wir trotzdem die Feststellung, daß das *Bewegungssehen* eine „grundlegende und zentrale Fähigkeit" (MEINEL) ist, die erst den Leibeserzieher in die Lage versetzt, den motorischen Entwicklungsprozeß der Schüler wirksam unterstützen zu können. Wer nur nach dem Resultat des Bewegungsvollzugs schaut, wird nie formverbessernd eingreifen können! Die Fähigkeit des Bewegungssehens wächst mit der Erfahrung und Übung. Das Bewegungssehen geht bei erworbener Reife über die Wahrnehmung figuraler Merkmale im räumlich-zeitlichen Verlauf hinaus und „erschließt auch Merkmale und Eigenschaften, wie Elastizität, Bewegungsfluß, Bewegungsrhythmus usw." (MEINEL). Doch vor dem geistigen Auge des Leibeserziehers darf nicht nur die Bewegungsform des Könners stehen, wenn er helfend in die Entwicklung eingreift und Bewegungsfehler abstellt, sondern auch die kindlich-optimale Form, das motorische Profil der jeweiligen Altersstufe. Erst unter diesem Aspekt können wir mit MEINEL sagen, daß *„Bewegungsanalyse — Bewegungsbeurteilung — Bewegungsanweisung* . . . Kernstück der motorisch-methodischen Denkarbeit" des Leibeserziehers sind. Zu dieser Denkarbeit glauben wir mit den Bildreihen eine nicht unwesentliche Hilfe zu geben.

Schließlich sollen die Bildreihen nochmals in anschaulicher Weise das *sensomotorische Leistungsfeld* markieren, wie es für das Grundschulalter bei Wahrnehmung der vorhandenen Möglichkeiten sein kann.

UNGERER[4]) fixiert thesenhaft die sensomotorische Leistungsfähigkeit in bezug zur Entwicklung wie folgt:

1. „Das 6jährige beherrscht die einfachen Handlungen des Alltags. Schnelle und kombinierte Bewegungsfolgen, innerhalb und außerhalb des alltäglichen Funktionskreises werden dagegen noch nicht beherrscht.
2. Das 7- bis 8jährige beherrscht bereits Balancier- und abgestimmte Zielbewegungen, wenn diese keine scharf umgrenzte Form verlangen.
3. Das 9- bis 10jährige hat die Fähigkeit, genaue Zielhandlungen mit peripherer Steuerung durchzuführen. Bewegungsfolgen mit schnellem dynamischem Wechsel werden noch nicht beherrscht.
4. Die Koordinationsfähigkeit der 11- bis 14jährigen ist bei einfachen Bewegungskombinationen selbst mit Krafteinsatz nicht gestört. Schnelle Bewegungsfolgen der Peripherie mit hoher Geschwindigkeit sind noch beeinträchtigt. Die Entwicklung der sportmotorischen Geschicklichkeit kommt bei den Mädchen bereits mit 14 Jahren zum Stillstand."

Die Bildreihen bieten mannigfach die Möglichkeit eines Vergleichs der Thesen mit dem praktischen Bewegungsvollzug; sie erhellen schließlich in überzeugender Weise, daß bereits in der Unterstufe geschlechtsspezifische Merkmale unverkennbar sind.

---

[4]) D. UNGERER, Die physische und sensomotorische Leistungsfähigkeit im Jugendalter, Die Leibeserziehung, 7/1965, S. 230.

BILDREIHE 1—2

Zwei fast gleichaltrige Schüler der gleichen Klasse bei der Grätsche über den Bock

Bildreihe 1

Diese Bewegungsform liegt für alle bewegungsmäßig normal veranlagten Kinder im sensomotorischen Feld dieser Altersstufe — vorausgesetzt, daß die den Kindern zustehende Übungszeit sinnvoll genutzt wurde. Das Wesenhafte eines Stützsprunges (Abdruckphase!) ist von beiden gut erfaßt. Erstaunlich die natürliche Kopfhaltung, die in höheren Altersstufen häufig korrigiert werden muß. Das Gleichmaß der Bewegungsfolge — aus dem morphologischen Bild ersichtlich

Bildreihe 2

♀ 8; 4

— läßt auf eine ausgewogene Dynamik des Verlaufes von Spannung und Entspannung schließen, wobei die Landephase des Mädchens bereits Gestaltcharakter zeigt und auf eine sichere Beherrschung des Sprunges verweist. Sicher deutet diese Phase auch auf die sich anbahnende geschlechtsspezifisch stärkere Tendenz zum Ausprägen und Gestalten (Feinmotorik) der Mädchen hin.

♂ 8; 6

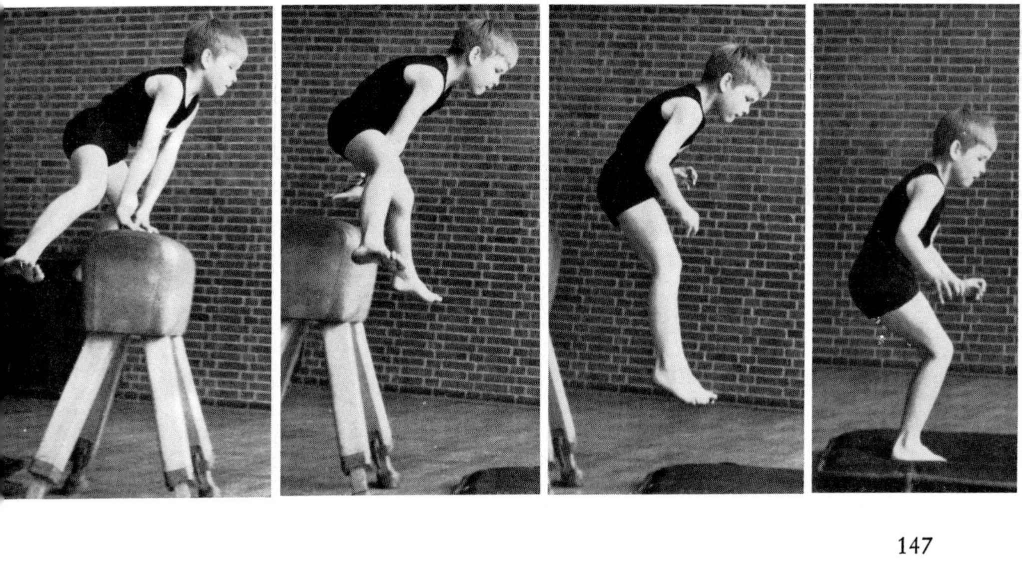

BILDREIHE 3—4

Zur Formgenese der Rollen vorwärts und rückwärts

Bildreihe 3

Beim Vorwärtsrollen der 3/4jährigen war immer wieder als typisch zu beobachten, daß mit *einem* Bein abgedrückt wurde und die Rolle im Strecksitz endete.

Bildreihe 4

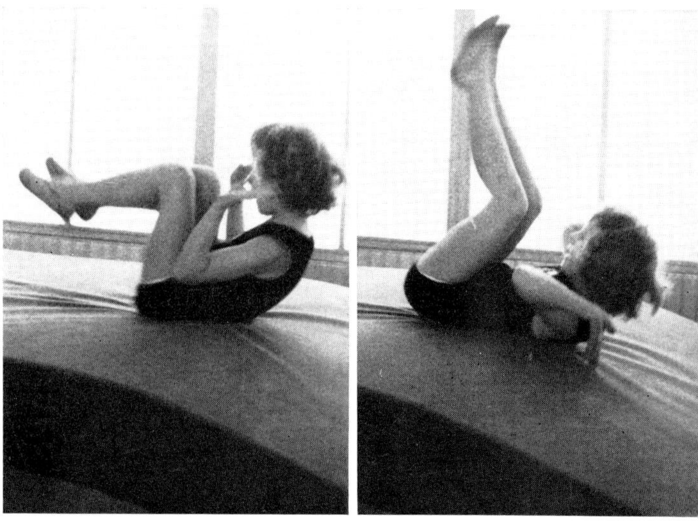

♀ 2;9

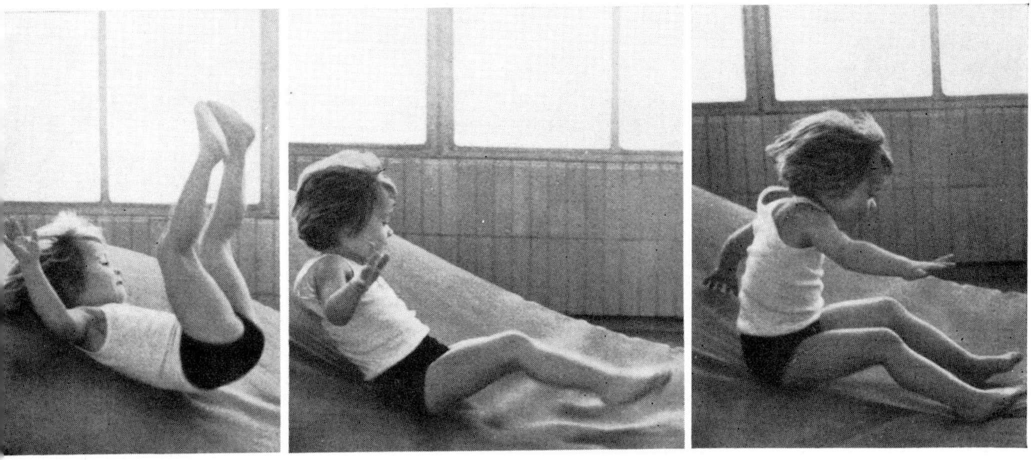

Die Rolle rückwärts (alltagferne Motorik) gelang den 7jährigen in der Regel nur mit „Geländehilfe“ (schräge Ebene).

♀ 7;0

BILDREIHE 5—6

Zur Formgenese der Rollen vorwärts und rückwärts

Bildreihe 5

Bildreihe 6

Aus dem Liegehang auf der Reckstange: abgleiten mit Stütz auf der Matte, abrollen zum Strecksitz oder Hocksitz

♂ 7; 6

Bei der Rolle vorwärts konnten die meisten Schüler die Bewegungsaufgabe: „Wer kann sich beim Rollen ganz ‚rund machen‘ und die Hände nach vorn zu den Knien bringen?“ bereits als 7jährige realisieren.

Auch kombinierte Bewegungsaufgaben werden bereits von den 7jährigen gelöst, wenn die Einzelformen vorgeübt sind und die Bewegungen nicht zu schnell aufeinanderfolgen. Susi hat diese Aufgabe auf „Anhieb“ gelöst, und auf ihrem Gesicht steht die unausgesprochene Frage, ob „die Sache“ auch wohl richtig war.

♀ 7; 6

BILDREIHE 7—8

Zur Formgenese der Rollen vorwärts und rückwärts

Bildreihe 7

Die turnerische Form der Rolle vorwärts und rückwärts ist in ihrer Grobform bei den 8/9jährigen zu erwerben, wenn einer Ausprägung und Gestaltung bei den 10/11jährigen Bildungswerte zugemessen werden.

Bildreihe 8

♀ 10; 11

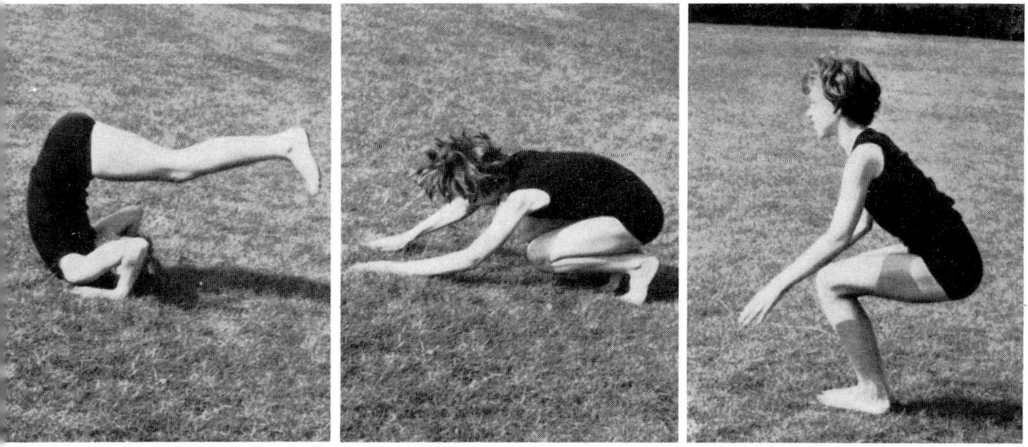

♀ 10; 11

BILDREIHE 9

Schrittsprung über den aufgelegten Medizinball (Schwebebalken 0,90 m hoch)

Diese an die Bewegungsgenauigkeit erhebliche Anforderung stellende Bewegungsaufgabe wird von der 11jährigen Schülerin mit Konzentration, Sicherheit und Eleganz zugleich gelöst. Wie die

♀ 11; 0

Voraussetzungen für ein solch gelöstes Bewegen erworben wurden, deuten die unteren Bilder an, wo wir die gleiche Schülerin zu Beginn des 4. Schuljahres erkennen.

♀ 10; 5

BILDREIHE 10—12

Hockwende über den hohen Holm des Stufenbarrens

Aus dem Gebrauchssprung über Kästen ist schon längst eine beliebte Fertigkeit am Stufenbarren geworden. Die Schüler erlernen die Grundform als 7jährige an den Schwebebänken, so daß die Hockwende als Abgang vom Stufenbarren nicht zu Unrecht bereits im Übungsgut der 8/9jährigen einen entsprechenden Platz erworben hat. Die Hockwenden der 8jährigen und 11jährigen Schülerin brauchen einen Vergleich mit der gekonnten Form der 16jährigen nicht zu scheuen, wenn man das noch nicht ausgeprägte Vermögen der peripheren Steuerung einmal ausklammert.

Bildreihe 11

Bildreihe 12

Bildreihe 10

♀ 8; 5

♀ 11; 0

♀ 16; 2

BILDREIHE 13—15

Felgaufschwung am Stufenbarren und am Reck

♀ 8; 5

Bildreihe 13

Unsere 7jährige Schülerin hat noch deutliche Schwierigkeiten, diese Bewegungsaufgabe zu erfüllen; selbst die 8jährige hat unverkennbar Mühe mit der Bewegungssteuerung, zumal es sich bei dieser Fertigkeit um eine der Alltagsmotorik ferne Rückwärtsbewegung handelt. Sicherlich fehlt bei beiden die notwendige Kraft der Arme und der Bauchmuskulatur. Doch daran liegt es keinesfalls allein! Die reifebedingte motorische Lernfähigkeit in bezug auf diese Bewegungsform — wiederum

♀ 11; 10

Bildreihe 14

♀ 7; 4

Bildreihe 15

auf den Durchschnitt der Schüler angelegt — ist nach unseren Erfahrungen erst bei den 9jährigen zu erwarten. (Vorbereitende Übungen mit Lernhilfen werden davon nicht berührt.) Für die 11jährige Schülerin ist der Felgaufschwung eine willkommene Aufgabe zum Ausspielen der Fähigkeiten im Hinblick auf eine Formdifferenzierung.

BILDREIHE 16

Der Überschlag seitwärts („Rad") vollzogen als fast 11jähriger — später als 14jähriger Schüler

Auch bei diesen beiden Bildreihen zeigt sich die mit zunehmendem Alter progressiv fortschreitende motorische Ausgliederung. Wenn wir das „Rad" des 11jährigen Jungen mit dem „Rad"

♂ 10; 8

des 8jährigen Mädchens (siehe Bildreihe 22) vergleichen, dann erkennen wir wiederum die sich recht früh zeigende Tendenz der Ausgestaltung einer Bewegungsform in geschlechtsspezifischer Art.

♂ 14; 6

BILDREIHE 17—18

Flugrolle zum Hockstand ohne Benutzung von Auftriebshilfen

Bildreihe 17

Auch die *Flugrolle* liegt im sensomotorischen Leistungsfeld des Grundschulkindes, wenn in gegenständlichen Aufgaben und kontinuierlicher Übungssteigerung das Rollen vorwärts weiterentwickelt wird. Die Bilder 4 und 5 vermitteln wesentliche Qualitätsmerkmale (abgesehen von der größeren

Bildreihe 18

♀ 10; 9

Höhe und Weite der Flugrolle des 14jährigen Mädchens): in der motorischen Feinform erfolgt das Abrollen bei „rundem Rücken“ über die Schultern. Der Kopf wird förmlich durch die stützenden Arme geschoben.

♀ 14; 8

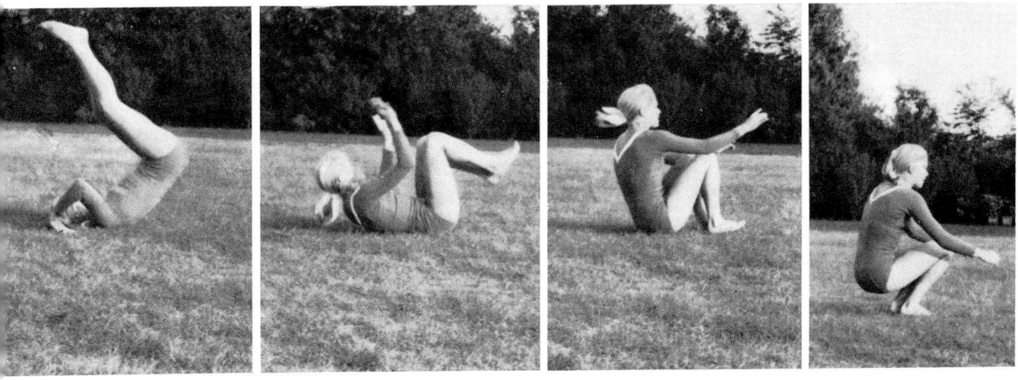

BILDREIHE 19—20

Luftrolle vorwärts unter Benutzung des Absprungtrampolins

Bildreihe 19

Grad und Qualität motorischer Leistungsfähigkeit im „Geschicklichkeitsalter" offenbaren sich recht offensichtlich beim Vollzug der *Luftrolle* vorwärts, die mit und ohne Auftriebshilfen für das bewegungsfreudige 10jährige Kind kaum eine Schwierigkeit darstellt. Der methodische Weg sollte dabei vom stützlosen Rollen am Mattenberg zum Salto an der Sandgrube führen und danach erst zur Gestaltung mit dem Absprungtrampolin. Das scheint uns für das wagemutige Kind der sicherste Weg. Der Bewegungskern — das *Einrollen* — wird unter steigenden Übungsbedingungen weitgehend automatisiert.

Bildreihe 20

♀ 10; 9

Der Drehimpuls resultiert aus dem Absprung, mit dem schnellen Anheben des Beckens in Koordination mit dem Anhocken der Beine wird die Drehung beschleunigt. Die Hände werden zu den Knien geführt, der Kopf bleibt fast *gerade* in Verlängerung der Körperlängsachse. Ein zeitgerechtes Öffnen des eingerollten Körpers bremst die Drehbewegung ab und schafft die Voraussetzung zu einer sicheren Landung.

♀ 16; 2

BILDREIHE 21

Kopfstandüberschlag und Kopfstandkippe — bewegungsverwandte turnerische Grundfertigkeiten. Unter Benutzung geeigneter Lernhilfen liegen diese Formen noch im sensomotorischen Leistungsfeld der 10/11jährigen

♀ 11; 0

♀ 15; 9

BILDREIHE 22

Lehrerin und Schülerin beim Überschlag seitwärts („Rad")

In diesem Bildvergleich zeigt sich Nähe und Weite des motorischen Reifegrades zugleich. Die 8jährige Schülerin verfügt bereits über eine ausgezeichnete Bewegungskontrolle in Relation zu

♀ 8; 4

ihrem motorischen Profil, das in dieser Erscheinungsform in bezug auf die Altersstufe die obere Grenze darstellen kann.

♀ 24; 2

Bildreihe 23

BILDREIHE 23—25

Aufschwingen in den Handstand mit nachfolgendem Abrollen

Das *Aufschwingen* in den Handstand mit nachfolgendem *Abrollen* in den Hockstand stellt trotz der relativ langsamen Aufeinanderfolge der einzelnen Bewegungen eine bereits ansprechende Koordinationsaufgabe für die 9/11jährigen dar, die zudem eine genaue Steuerung der Extremitäten einschließt. Erst am Ende der Vollkindheit scheint der größere Teil der Schüler — nach

Bildreihe 24

Bildreihe 25

♀ 8; 6

diesem Teil richten wir unsere Aufgaben aus — in der Lage zu sein, sich das für den weiteren Bewegungsvollzug notwendige genaue Bild über die Lage des Körpers im Raum zu machen; denn der im gestreckten Handstand befindliche Körper muß in dieser Lage deutlich über die Senkrechte bewegt werden, um für das Rollen die notwendige Geschwindigkeit zu erhalten. (Vgl. hierzu die Abb. 4 in der Reihe des 8jährigen Mädchens mit der Abb. 4 beim 15jährigen.)

♀ 11; 2

♀ 15; 9

BILDREIHE 26—30

Vom „Schwingen" durch das Fenster der Gitterleiter zum formgerechten Unterschwung am Reck

Beim Vergleich dieser verschiedenen Bildreihen offenbart sich in anschaulicher Weise die fortschreitende und dem Reifeprozeß angepaßte Ausgliederung des motorischen Profils bis zum ersten Optimum bei den 11jährigen.

Bildreihe 26 ♀ 6; 10

Susi „schwingt" durch das Fenster der Gitterleiter, sie „schwingt" auch mit dem Tau über einen „Graben", kann mit Griff an den Barrenholm in den Hangstand laufen und wieder zurück...

Bildreihe 27 ♀ 7; 4

... doch den rechten Schwung erfährt sie beim ersten Versuch am Reck — aus dem Anlauf heraus. Die Bilder deuten die Mühe beim Abfangen dieses Schwunges an.

Bildreihe 28 ♀ 10; 1

Die Voraussetzungen zum Erlernen der turnerischen Form des Unterschwunges mit einem nachfolgenden Ausprägen sind bei den 10/11jährigen vorhanden.

Bildreihe 29 ♀ 11; 2

Bildreihe 30 ♀ 16; 2

BILDREIHE 31—32

Handstandüberschlag vom Ende des großen Sprungkastens

Trotzdem es sich beim Handstandüberschlag um eine Bewegungsform handelt, in der die Strukturelemente in hoher Folge koordiniert werden müssen, ist diese Fertigkeit bei den 10/11jährigen dann leicht erlernbar, wenn die Landestelle deutlich tiefer liegt.

Bildreihe 31

Obwohl der Überschlag der 11jährigen gelingt, sind reifebedingte Schwierigkeiten in der Bewegungssteuerung eindeutig erkennbar. Korrigierende Hinweise — um den turnerischen „Stil“ zu erzwingen — bringen nicht selten den Zusammenbruch der Bewegungsfigur.

Bildreihe 32

♀ 10; 9

♀ 17; 0

BILDREIHE 33—35

Hauptphase und Landung beim Nackenüberschlag vom Ende des Sprungkastens — vollzogen durch Schülerinnen verschiedener Altersstufen

Deutlich ist zu erkennen, daß die Formgenese vom Zentrum des Körpers in progressiver Weise zur Peripherie verläuft. Die Bewegungsform liegt für die 6jährige Schülerin außerhalb des sensomotorischen Leistungsfeldes

Bildreihe 33 ♀ 6; 4

Bildreihe 34 ♀ 11; 0

Bildreihe 35 ♀ 16; 1

BILDREIHE 36—37

Hocke über den 1,10 m hohen Bock beziehungsweise 1,10 m hohen Kasten

Bildreihe 36

Beide Sprungformen liegen im sensomotorischen Leistungsfeld der 10/11jährigen Schülerinnen und Schüler, wenn in ausreichender Weise und in allgemeinen Aufgaben Sprungkraft und Sprunggeschicklichkeit entwickelt wurden. Die Reihenaufnahmen lassen eine ausgewogene räumlich-

Bildreihe 37

♂ 10; 8

zeitliche Gliederung erkennen, wobei eine stärkere Kontrolle der Extremitäten in der Bewegungsführung beim Mädchen unverkennbar ist. Der Bewegungsrhythmus scheint bei beiden gut erfaßt zu sein.

♀ 11; 4

BILDREIHE 38—39

Felgumschwung vorlings rückwärts

Bildreihe 38

Diese Bewegungsform liegt als turnerische Grundform am Rande des sensomotorischen Leistungsfeldes der Grundschulkinder. Sie ist mit bewegungsbegabten Kindern, die auch bereits über eine ausreichende Stützkraft verfügen, durchaus zu erlernen. Für den größeren Teil der Schüler wird im 5. Schuljahr die beste Lernzeit hierfür liegen. Die Grobform des Felgumschwunges weist dabei

Bildreihe 39

♀ 10; 8

noch deutlich auf ein „Rollen“ rückwärts hin, die Knie sind stark eingebeugt, die Fußspitzen in der ersten Phase des Umschwingens angezogen. In der bereits korrigierten Form des 11jährigen Mädchens sind immer noch diese Merkmale zu erkennen.

♀ 16; 1

BILDREIHE 40—41

Handstandüberschlag vom Steg aus kleinen Sprungkästen im Vergleich zur späteren Zielübung

Bildreihe 40

Die motorische Leistungsfähigkeit der Mädchen — vor allem in der Zeit vom 10. zum 11. Lebensjahr — erfährt eine wesentliche Steigerung, auch nach der qualitativen Seite hin (vgl. hierzu mit der Bildreihe 38—39), Schritt um Schritt werden die Lernhilfen abgebaut.

Bildreihe 41

♀ 11; 8

♀ 16; 0

BILDREIHE 42

Bewegungsstudie zur Bewegungsübertragung am Beispiel von zwei strukturell unterschiedlichen Bewegungsfertigkeiten

Der nach „oben“ gerichteten Kernphase geht eine akzentuierte und ausholende „nach unten“ voraus — „actio et reactio“.

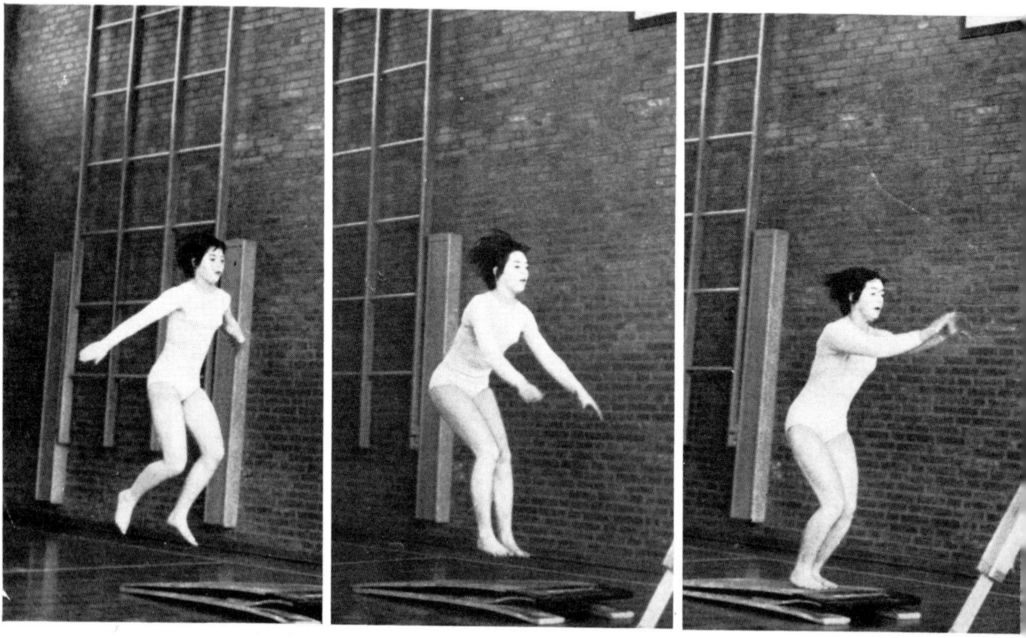

♀ 11; 2

Im letzten Teil der Einsprungparabel wird der Körperschwerpunkt leicht gesenkt, die Arme werden abwärts geführt. Mit dem Absprung werden die Arme kräftig nach oben geschwungen und zeitgerecht abgebremst. Nur so kommt es zu einer optimalen Bewegungsübertragung.

♀ 16; 0

♀ 11; 2

Bildreihe 43

BILDREIHE 43/44/45

Salto rückwärts gehockt aus dem Trampolin

Die 11jährige Schülerin zählt zu den bewegungsbegabten Schülern ihrer Klasse. Sie springt den Salto rückwärts auf ihre „eigene Weise“ und läßt deutlich werden, daß der Salto rückwärts für

♂ 16; 1

Bildreihe 44

♂ 25; 6

Bildreihe 45

den größten Teil der Schüler außerhalb des sensomotorischen Leistungsfeldes liegt. Zu einer korrekten Bewegungssteuerung kommt es selbst beim 16jährigen Jungen noch nicht.

G. Literatur

Zur pädagogisch-didaktischen und lernpsychologischen Grundlegung

Aebli, H.: Die geistige Entwicklung des Kindes, Stuttgart 1963.

Bernett, H.: Grundformen der Leibeserziehung, Band 26 der „Beiträge zur Lehre und Forschung der Leibeserziehung", Schorndorf 1965.

Brodtmann, D.: Lernziele der Leibeserziehung in der Grundschule, „Die Grundschule" 4/1970.

Burger/Groll: Leibeserziehung, 2. Auflage, Wien 1959.

Bühler, K.: Die geistige Entwicklung des Kindes, 5. Auflage, Jena 1929.

Busemann, A.: Psychologie der späteren Kindheit und des Jugendalters, in Katz, Handbuch der Psychologie, Basel 1951.

Busemann, A.: Kindheit und Reifezeit, Frankfurt 1965.

Buytendijk, F. J. J.: Allgemeine Theorie der menschlichen Haltung und Bewegung, Berlin 1956.

Cratty, B. J.: Motorisches Lernen und Bewegungsverhalten, Frankfurt 1975.

Clauss/Hiebsch: Kinderpsychologie, 4. Auflage, Berlin 1962.

Denk, H.: Die Auswahl des Lehrstoffes als didaktisches Problem in der Leibeserziehung, „Die Leibeserziehung", 5/1966.

Diem, C.: Wesen und Lehre des Sports, 2. Auflage, Berlin 1960.

Diem, L.: Sport für Kinder, München 1973.

Diem, L./Kirsch, A.: Lernziele und Lernprozesse in der Grundschule, Frankfurt 1975.

Dietrich, W.: Intensivierung des Turnunterrichtes durch Zusatzaufgaben, Berlin-O, 1964.

Döbler, H.: Die Bewegungsvorausnahme beim Ballspiel, „Theorie und Praxis der Körperkultur", Berlin 11/12/1961.

Dudel, H.: Faktoren sportlicher Leistungen bei Schulkindern, München 1965.

Eggert, D./Kiphard, E. J.: Die Bedeutung der Motorik für die Entwicklung normaler und behinderter Kinder, Schorndorf 1976[3].

Engelmayer, O.: Das Kindes- und Jugendalter, München 1964.

Fetz, F.: Allgemeine Methodik der Leibesübungen, 5. Auflage, Frankfurt 1972.

Fetz, F.: Beiträge zur Bewegungslehre, Wien 1964.

Gebhardt, U.: Didaktik des Sportunterrichtes in der Grundschule, München 1971.

Gorkin, M. J.: Die Fragen der Psychologie des Jugendsportes im Lichte der Lehre Pawlows von der höheren Nerventätigkeit, „Theorie und Praxis der Körperkultur" 6/1953.

Gutteridge, M. V.: A Study of Motor. Achievements of young Children. Arch. Psychologie 244/1939.

Guyer, W.: Wie wir lernen, Zürich 1952.

Grimm, H.: Grundriß der Konstitutionsbiologie und Anthropometrie, 2. Auflage, Berlin 1961.

Gesell, A.: Das Kind von fünf bis zehn, Bad Nauheim 1954.

Gottschalk, K.: Der Aufbau des kindlichen Handelns, Leipzig 1954.

Gärtner, H.: Die Körpererziehung in der Unterstufe im Lichte neuer Erkenntnisse, Berlin 1964 (Konferenzbericht S. 162).

Hammelsbeck, O.: Leibeserziehung in der Gesamterziehung, Schorndorf 1960, Band 7 der „Beiträge zur Lehre und Forschung der Leibeserziehung".

Hecker, G.: Leistungsentwicklung im Sportunterricht, Weinheim 1971.

Homburger, A.: Zur Gestaltung der normalen menschlichen Motorik und ihrer Beurteilung, Zeitschrift der Neurologie Band 85, 1923.

Hetzer, H.: Kind und Jugendlicher in der Entwicklung, 8. Auflage, Hannover 1961.
Hansen, W.: Die Entwicklung des kindlichen Weltbildes, 6. Auflage, München 1965.
Heuser, I.: Leibeserziehung ist Menschenbildung, „Leibeserziehung in der Schule“, Frankfurt 1/1964.
Hawkes/Pease: Behavior and Development from 5 to 12, New York 1962.
Hünnekens/Kiphard: Untersuchungen und Betrachtungen zur Individualmotorik von Schulkindern „Gesundheitsfürsorge“ 5/63.
Hilgard, E. R.: Theory of Learning, New York 1948.
Hanebuth, O.: Grundschulung zur sportlichen Leistung, 4. Auflage, Frankfurt 1964.
Hanebuth, O.: Der Rhythmus in den Leibesübungen, Frankfurt 1961.
Jokl, E.: Alter und Leistung, Berlin/Göttingen 1954.
Kroh, O.: Entwicklungspsychologie des Schulkindes, 5. Auflage, Langensalza 1940.
Klafki, W.: Studien zur Bildungstheorie und Didaktik, 8./9. Auflage, Weinheim 1967.
Kohl, K.: Zum Problem der Sensumotorik, Frankfurt 1956.
Koch, K.: Praktische Lernhilfen im Sportunterricht, Schorndorf 1974.
Koch, K. (Hrsg.): Motorisches Lernen — Üben — Trainieren, Schorndorf 1976, 2. Auflage.
Koch, K.: Zur motorischen Leistungsbreite in der Altersstufe der 9- bis 11jährigen, „Die Leibeserziehung“ 7/1965.
Koch, K./Söll, W.: Stundenmodelle für alle Altersstufen, Schorndorf 1975, 3. Auflage.
Kruber, D.: Sport, Bochum 1973.
Küpper, D.: Spielen und Üben, „Leibeserziehung in der Schule“, 1/1965.
Keilhacker, M.: Pädagogische Psychologie, 5. Auflage, Regensburg 1958.
Kiphard, E. J.: Bewegungs- und Koordinationsschwächen im Grundschulalter, Schorndorf 1973, 2. Aufl.
Lenz/Kellner: Die körperliche Akzeleration, München 1965.
Mateef, D.: Über den frühzeitigen Einsatz des Unterrichts in verschiedenen Sportarten, „Theorie und Praxis der Körperkultur“ 2/1955.
Meinel, K.: Bewegungslehre, 4. Auflage, Berlin 1971.
Meinel, K.: Bewegungslehre unter pädagogischem Aspekt als Synthese und Grundlage, „Theorie und Praxis der Körperkultur“ 11/12/1961.
Mester, L.: Grundfragen der Leibeserziehung, Braunschweig 1969, 3. Aufl.
Mester, L.: Planvolle Leibeserziehung im Kindesalter, Weilburg 1963, 6. Auflage.
Möckelmann, H.: Leibeserziehung und jugendliche Entwicklung, Schorndorf 1965, 5. Aufl.
Mellerowicz, H.: Das körperliche Leistungsvermögen der heutigen Jugend, München 1965.
Mielke, W.: Schwimmenlernen — erproben und üben, Band 3 der Schriftenreihe zur Praxis der Leibeserziehung und des Sports, Schorndorf 1976, 6. verbesserte und erweiterte Auflage (Abschnitt „Zum motorischen Lernen beim Grundschulkind“).
Neumann, O.: Die leibseelische Entwicklung im Jugendalter, München 1965.
Nöcker, J.: Physiologie der Leibesübungen, Stuttgart 1971, 2. Auflage.
Nöcker/Böhlau: Abhängigkeit der Leistungsfähigkeit von Alter und Geschlecht, Münchner Medizinische Wochenschrift, 46/1955.
Oerter, R.: Moderne Entwicklungspsychologie, Donauwörth 1974, 14. Aufl.
Piaget, J.: Psychologie der Intelligenz, Zürich 1947.
Portmann, A.: Die Bedeutung der Erziehung in der heutigen Zeit, „Die Leibeserziehung“, Schorndorf 10/58.
Peters, H.: Veränderungen der sportlichen Leistungsfähigkeit im Schulalter, „Körpererziehung“, Berlin 5/1965.
Peters, H.: Die unterschiedliche Leistungsfähigkeit von Jungen und Mädchen, „Körpererziehung“, Berlin 6/1965.
Roth, H.: Pädagogische Psychologie des Lehrens und Lernens, 8. Auflage, Hannover 1965.
Remplein, H.: Die seelische Entwicklung des Menschen im Kindes- und Jugendalter, 15. Auflage, München/Basel 1967.

Remplein, H.: Wandlungen der Jugendentwicklung in unserer Zeit, „Die neue Berufsschule" 4/1955.

Reininger, K.: Das soziale Verhalten in der Vorpubertät, „Arbeiten zur pädagogischen Psychologie", Wien 2/1925.

Rüssel, A.: Psychomotorik, Darmstadt 1976.

Rutenfranz, J.: Entwicklung und Beurteilung der körperlichen Leistungsfähigkeit bei Kindern und Jugendlichen, Basel 1964.

Rutenfranz/Hettinger: Untersuchungen über die Abhängigkeit der körperlichen Leistung vom Lebensalter, Geschlecht und körperlicher Entwicklung, „Kinderheilkunde", 3/1959.

Recla, J.: Betrachtung der Literatur zum Konferenzthema „Probleme der Körpererziehung in der Unterstufe" in „Gespräche und Begegnungen", Graz 1965.

Sander, F.: Die Mobilität der Kinder im Grundschulalter, Langensalza 1930.

Spranger, E.: Psychologie des Jugendalters, 20. Auflage, Heidelberg 1949.

Seybold-Brunnhuber: Die Prinzipien der modernen Pädagogik in der Leibeserziehung, Schorndorf 1964, 4. Auflage.

Seybold-Brunnhuber: Zum „Spielturnen auf der Unterstufe", „Mädchenbildung", Erlangen 5/65.

Seybold-Brunnhuber: Besondere Fragen der Leibeserziehung mit Jugendlichen heute . . . in Europa, „Die Leibeserziehung" 11/65.

Seybold, A.: Lehrplan zur Leibeserziehung im ersten Schuljahr (Mädchen), Nürnberg 1969/70.

Seybold, A.: Didaktische Prinzipien in der Leibeserziehung, Schorndorf 1974, 2. Aufl.

Spohn, G.: Leibeserziehung als Übergangshilfe, „Leibeserziehung in der Schule" (2/63).

Stemmler, R.: Entwicklungstendenzen von Kraft und Schnelligkeit im Kindes- und Jugendalter, Wissenschaftliche Zeitschrift der DHfK Leipzig, 6/64.

Schmidt, M.: Somatische und psychische Faktoren der Reifeentwicklung, München 1965.

Schmitz, J. N.: Die Leibeserziehung im Feld des Didaktischen, „Die Leibeserziehung", Schorndorf 5/62.

Schmitz, J. N.: Das Problem der Didaktik in der Leibeserziehung, „Die Leibeserziehung", Schorndorf 3/65.

Schmitz, J. N.: Studien zur Didaktik der Leibeserziehung, Teil I bis IV, Schorndorf 1967/72.

Schenk-Danzinger: Entwicklungspsychologie, Wien 1970, 3. Aufl.

Tanner, J. M.: Wachstum und Reifung des Menschen (übersetzt von K. H. Weber), Stuttgart 1962.

Teichert, J.: Rhythmische Ansprechbarkeit und motorische Darstellungsfähigkeit im jüngeren Schulalter, „Theorie und Praxis der Körperkultur" 11/12/1961.

Thomae, H.: Längsschnittuntersuchungen zum Problem der Beziehungen zwischen körperlicher und seelischer Entwicklung, „Zeitschrift für experimentelle und angewandte Psychologie" IV/1957.

Undeutsch, U.: Somatische Akzeleration und psychische Entwicklung der Gegenwart, Studium Generale 5/1952.

Ungerer, D.: Die Bedeutung des Bewegungsentwurfes für den motorischen Lernprozeß, „Die Leibeserziehung" 8/1958.

Ungerer, D.: Die menschliche Leistung in der Psychophysik der Willkürmotorik, „Die Leibeserziehung" 5/65.

Ungerer, D.: Die physische und sensomotorische Leistungsfähigkeit im Kindes- und Jugendalter, „Die Leibeserziehung" 7/65.

Ungerer, D.: Belastungs- und Leistungsfähigkeit im Jugendalter, Band 15 der Schriftenreihe zur Praxis der Leibeserziehung und des Sports, Schorndorf 1977, 4. Auflage.

Ungerer, D.: Die Akzeleration als kulturelles Phänomen, „Schule und Psychologie", Heft 10/1959.

Wallon, H.: Die psychische Entwicklung des Kindes, Berlin 1950.

Winter, R.: Zur Entwicklung der Laufbewegung bei Knaben und Mädchen im Schulalter (Diss.), referiert in „Theorie und Praxis der Körperkultur“ 3/1964.
Zeller, W.: Konstitution und Entwicklung, Göttingen 1957.

Zur Auffüllung, Erweiterung und methodischen Ausgestaltung der Bewegungsthemen

Diem, L.: Mädchen beim Turnen und rhythmischen Spiel, 6. Auflage, Frankfurt 1965.
Diem, L.: Wer kann . . . , 5. Auflage, Frankfurt 1964.
Dapper/Klinge: Deutsches Mädchenturnen, Band I, 6. Auflage, Frankfurt 1955.
Geissler, A.: Springen und Schwingen, 3. Auflage, Frankfurt 1961.
Häusler, W.: Lehrbögen für Leibesübungen, Wolfenbüttel, ab 1960.
Krüger, W.: Purzelvolk, 2. Auflage, 1960.
Koch, K.: Bewegungsschulung an Gerätebahnen, Schorndorf 1976, 6. Auflage.
Koch, K.: Springen und Überschlagen — Hechten und Rollen, Schorndorf 1977, 5. wesentlich erweiterte Auflage.
Koch, K.: Klettern und Steigen — Schwingen und Springen am Stufenbarren, Schorndorf 1977, 5. Auflage.
Koch, K./Timmermann, H.: Vom Steigen und Balancieren zum Turnen am Schwebebalken, Schorndorf 1973, 3. Auflage.
Koch, K.: Vom Bockspringen zu den Längssprüngen, Schorndorf 1976, 5. Auflage.
Knappe, W.: 40 Turnstunden, 2 Bände, Berlin-O 1965.
Layr, E.: Wie lehrt und lernt man Boden- und Gerätturnen, 4. Auflage, Wien-München 1962.
Lautwein, Theo: Der Sportunterricht im 1. Schuljahr, Schorndorf 1974, 2. Auflage.
Meusel, H.: Vom Purzelbaum zum Salto, Schorndorf 1975, 6. Auflage.
Meusel, H.: Vom Schaukeln und Schwingen zu Schwungstemmen und Umschwüngen, Schorndorf 1977, 4. Auflage.
Meusel, H.: Praxis der sportlichen Grundausbildung, Abschnitt Turnen, 2. Auflage, Frankfurt 1972.
Müller, H.: Helfen und Sichern im Gerätturnen, Frankfurt 1962.
Paschen, K.: Stundenbilder I, 3. Auflage, Frankfurt 1965.
Paschen, K.: Stundenbilder II, 2. Auflage, Frankfurt 1965.
Preugschat/Kunow: Wir turnen am Lüneburger Stegel, Frankfurt 1962.
Preugschat/Kunow: Neuzeitliche Leibeserziehung in der Landschule, Frankfurt 1960.
Wiemann, Kl.: Vom Kippen zum Überschlagen — vom Schwingen zum Felgen, Schorndorf 1974, 3. Auflage.

Ferner sei auf die Lehrfilme zur „Bewegungserziehung“ im 1./2. und 3./4. Schuljahr *(L. Diem/ I. Nikolai)* und zum Üben am Lüneburger Stegel *(Preugschat/Kunow)* verwiesen.

Arbeitsstreifen

Super-8-mm-Filme für den Sportunterricht

22 Filme Gerätturnen I — Schwünge (36 0394—36 0415)
15 Filme Gerätturnen II — Stützsprünge (36 0599—36 0613)
9 Filme Helfen und Sichern im Gerätturnen (36 1021—36 1029)

Alleinauslieferung: Hofmann-Verlag, 7060 Schorndorf, Postfach 1360.

Anschrift des Verfassers:

Karl Koch, Brookring 19 B, 2000 Tangstedt 3

Schriftenreihe zur Praxis der Leibeserziehung und des Sports

1 Koch, **Bewegungsschulung an Gerätebahnen,** 7. Auflage

2 Koch, **Springen und Überschlagen — Hechten und Rollen am Absprungtrampolin,** 5. Auflage

3 Mielke, **Schwimmenlernen — erproben und üben,** 7. Auflage

4 Koch / Timmermann, **Klettern und Steigen — Schwingen und Springen am Stufenbarren,** 5. Auflage

5 Koch / Timmermann, **Vom Steigen und Balancieren zum Turnen am Schwebebalken,** 4. Auflage

6 Meusel, **Vom Purzelbaum zum Salto,** 5. Auflage

7 Braecklein, **Wasserspringen — lernen — üben — leisten,** 4. Auflage

8 Koch, **Vom Bockspringen zu den Längssprüngen,** 6. Auflage

9 Koch, **Methodische Übungsreihen in der Leichtathletik,** Teil I: 9. Auflage

10 Meusel, **Vom Schaukeln und Schwingen zu Schwungstemmen und Umschwüngen,** 4. Aufl.

11 Kirsch / Koch, **Methodische Übungsreihen in der Leichtathletik,** Teil II: 6. Auflage

12 Stöcker, **Schulspiel Basketball — Vom Spielen zum Spiel,** 7. Auflage

13 Koch, **Grundschulturnen an Geräten,** 8. Aufl.

14 Dürrwächter, **Volleyball — spielend lernen — spielend üben,** 8. Auflage

15 Ungerer, **Leistungs- und Belastungsfähigkeit im Kindes- und Jugendalter,** 4. Auflage

16 Koch, **Konditionsschulung für die Jugend,** 5. Auflage

17 Timmermann, **Leistungsturnen am hohen Stufenbarren, Teil I** (vergriffen — keine Neuauflage)

18 Koch, **Leisten — Formen — Gestalten.** Ein Bildband unter methodischem Aspekt

19 Balz, **Vom Klassenwettkampf zum Stadionfest** (vergriffen — keine Neuauflage)

20 Wiemann, **Vom Kippen zum Überschlagen — Vom Schwingen zum Felgen,** 4. Auflage

21 Koch / Mielke, **Die Gestaltung des Unterrichts in der Leibeserziehung,** Teil I, 5. Auflage

22 Dietrich, **Fußball — spielgemäß lernen — spielgemäß üben,** 6. Auflage

23 Koch, **Laufen, Springen, Werfen in der Grundschule,** 5. Auflage

24 Bernhard, **Sprungttraining,** 3. Auflage

25 Wein, **Hockey, lernen und lehren,** 3. Auflage

26 Koch, **Kleine Sportspiele,** 6. Auflage

27 Tschiene, **Stoß- und Wurftraining,** 3. Auflage

28 Räupke / Koch, **Vom Klettern und Klimmen zum Turnen an den Ringen,** 2. Auflage

29 Söll / Koch, **Übungsmodelle für alle Altersstufen,** 4. Auflage

30 Dassel / Haag, **Circuit-Training in der Schule,** 5. Auflage

31 Braecklein, **Methodische Übungsreihen im Schwimmen,** 6. Auflage

32 Käsler, **Handball — Vom Erlernen zum wettkampfmäßigen Spiel,** 5. Auflage

33 Kruber, **Leichtathletik in der Halle,** 6. Auflage

34 Friedrich / Gattermann, **Jugendgemäße Ski-Grundausbildung** (vergriffen — keine Neuauflage)

35 Kerkmann, **Wir spielen in der Grundschule,** 5. Auflage

36 Blumenthal, **Vorschulturnen an Geräten,** 4. Auflage

37 Kretschmer, **Grundlagen und Methoden zur Intensivierung des Unterrichts im Gerätturnen,** 2. Auflage

38 Heinrich, **Spielerische Wassergewöhnung im Anfänger-Schwimmunterricht,** 4. Auflage

39 Kiphard, **Bewegungs- und Koordinationsschwächen im Grundschulalter,** 4. Auflage

40 Jonath/Kirsch/Schmidt, **Lauftraining,** 3. Aufl.

41 Neumann, **Basketball-Grundschule,** 4. Aufl.

42 Timmermann, **Bodenturnen der weiblichen Jugend,** 3. Auflage

43 Klindt, **Tanzen in der Schule,** 4. Auflage

44 Dieckert / Koch, **Methodische Übungsreihen im Gerätturnen,** 6. Auflage

45 Koch / Söll, **Stundenmodelle für alle Altersstufen,** 4. Auflage

46 Kreidler, **Konditionsschulung durch Spiele,** 4. Auflage

47 Eberhardt-Matz, **Schüler lernen Schifahren,** in deutscher und englischer Sprache

48 Nattkämper, **Gymnastik für Jungen**

49 Lautwein, **Der Sportunterricht im 1. Schuljahr,** 4. Auflage

50 Ueberle, **Trainingsleitung und Mannschaftsführung in den Sportspielen** (vergriffen — keine Neuauflage)

51 Beyer, **Sportliches Wasserspringen,** Teil I, 3. Auflage

52 Schulz, **Methodik des Trampolinspringens,** Teil I, 3. Auflage

53 Recla, **Method. Übungsreihen im Schilauf**

54 Schmidt, **Eine Klasse treibt Wintersport**

55 Recla, **Leistungssport im Jugendalter**

56 Engel / Küpper, **Gymnastik, Finden · Üben · Variieren · Gestalten,** 4. Auflage

57 Heiß, **Unfallverhütung und Nothilfe beim Sport,** 2. Auflage

58 Timmermann, **Leistungsturnen am Schwebebalken** (vergriffen — keine Neuauflage)

59 Volkamer, **Experimente in der Sportpsychologie,** 2. Auflage

60 Oberbeck, **Mehrkampftraining**